I0150004

1

El Arquitecto

Siempre vas contigo

JORGE L. LÓPEZ VELOSO

El Arquitecto, Siempre vas contigo.
Jorge Luis López Veloso

Primera Edición, febrero de 2013
Segunda Edición, diciembre de 2014

© Jorge Luis López Veloso
Nº de Registro de La Propiedad Intelectual GC-02-2013
Depósito Legal GC 18-2013
I.S.B.N.: 978-84-616-3381-4
Impreso en Las Palmas de Gran Canaria.
España.

Contacto con el autor: estudiojolove@gmail.com y Facebook.
Estudio: www.e-ardesign.com
Descarga digital en Amazon: http://amzn.to/13hxGfF

Imprime: Gráficas Atlanta.
C/ San Nicolás de Tolentino, s/n
Polígono Industrial La Cazuela.
Las Palmas de Gran Canaria.

Queda rigurosamente prohibida, sin la autorización escrita de los Titulares del Copyright, bajo las sanciones establecidas por las leyes, la reproducción parcial o total de esta obra por cualquier medio o procedimiento, comprendidos la reprografía y el tratamiento informático.

Dedico este libro a mi madre, que en un Universo paralelo me acompaña cada día;

a mi padre, por estar ahí, siempre;

a mis hijos Jorge y Sergio, la experiencia más formidable en mi vida;

y muy especialmente a mi mujer, Pilar.

También, por último, a todos los seres que formáis parte de esta maravillosa actuación… Gracias.

Prólogo

Pocas veces podemos encontrar una obra como esta que rezuma tanta frescura y espontaneidad a la par que una profunda reflexión de lo que es el escenario de la Vida, con sus luces y sombras, con sus hechos constatados y ampliamente aceptados, pero también con sus *aparentes* incongruencias que aún están por descifrar.

A lo largo de esta interesante y motivadora ópera prima de Jorge L. López Veloso vamos descubriendo, mientras pasan sus páginas, un sinfín de luminosos mensajes que *a priori* se antojan crípticos, pero que poco a poco vamos descifrando e integrando en su primigenia esencia dentro de nuestro propio pensamiento, tal y como nos lo propone su autor, sin dejar atrás la alegría de vivir y disfrutar conscientemente de cada segundo de nuestro tiempo de paso por este plano de manifestación.

Para el autor, las casualidades no existen. Todo está regido por una Ley de la Vida que asegura que cada cosa está en su lugar en todo momento, aunque no entendamos por qué o desconozcamos por completo su causa. *El Universo* es, pues, una gigantesca inteligencia que regula con exquisita exactitud todo el entramado que nos interconecta a los seres vivos, tanto a los animados como a los inanimados; todo tiene una razón de ser y ocupa un lugar específico que nada ni nadie más puede ocupar.

Ser elementos conscientemente transformadores de la realidad es uno de los brillantes mensajes que afloran de esta novela "El Arquitecto, *Siempre vas contigo*", y que sin lugar a dudas no dejará indiferente al ávido lector, y que en muchos aspectos, no solo en el puramente teórico, lo nutrirá y enriquecerá más allá de lo que se espera de una simple historia bien contada.

Juan Carlos García

Autor de "El Misterio Humano" y Compositor.

"Vacíate y permanecerás lleno."

Lao-Tse

Pleasant Grove, Alabama, Dic. 2012:

Deseamos constantemente...

¿Te ha sucedido alguna vez algo que, pareciendo imposible de suceder, ocurriera?

El motivo de esta historia es relatar cómo fui testigo de un *imposible* y cómo estoy aprendiendo a vivir de nuevo...

Seré breve.

Lo importante es que ya estás aquí.

UNO
La Agenda

Era un 29 de septiembre. Dos años atrás.

Fue simple, antes diría que casualidad. Ahora no.

Pero ya me entenderás...

Aquella tarde de otoño había quedado con mi amigo Daniel frente a su despacho de abogados situado en la espaciosa calle de San Bernardo, en el concurrido barrio histórico de Triana.

Llegué pronto a nuestra cita de las cinco. Hacía una bonita tarde y decidí sentarme a esperar en un banco de madera, a escasos metros de su portal.

El plan era tomar un café y comentar la contestación a una demanda interpuesta contra un familiar cercano.

Durante el compás de espera me distraje observando a los transeúntes, y a todo el decorado de la escena que se desarrollaba ante mí, relajándome brevemente; algo que normalmente no hacía, ya que lo suponía reservado a los mayores o muy pequeños.

Diría que la gente me miraba extrañamente… o al menos yo lo percibía así.

Sin lugar a dudas, la calle de San Bernardo posee un encanto especial. Fachadas neoclásicas confraternizan con arquitecturas modernistas y contemporáneas a la sombra de unos majestuosos laureles de indias que flanquean ambos lados de su recorrido.

Contemplaba obnubilado la belleza de los árboles cuando el sonido de mi teléfono móvil me despertó de aquel hipnótico trance.

Era Daniel.

Me comunicó que no podía reunirse conmigo puesto que un importante contratiempo le había surgido. Así que, por mi parte, contesté que regresaría a casa sin problemas e intentaría terminar, o al menos adelantar, el artículo de la semana en el que me encontraba trabajando.

Desde hacía dos años colaboraba con un periódico local de Las Palmas, teniendo un espacio sobre diseño en su edición Dominical. Mi condición de profesional autónomo me permitía compaginar mi trabajo habitual y al mismo tiempo colaborar con varias publicaciones, según tuviera mayor o menor *suerte*. Ese día, en plena convocatoria de huelga general, no había asistido a la oficina.

Me despedí y guardé el teléfono en el bolsillo de mi pantalón.

Ya sin causa que me retuviera me dispuse a marchar y, justo en el instante de hacer ademán de levantarme, reparé en la existencia de un pequeño cuaderno a mi lado, sobre el banco, que antes no había visto.

Parecía una agenda, de color negro, con varios papeles plegados en su interior sobresaliendo tímidamente de la misma.

Normalmente la hubiera dejado tal cual, con la esperanza de que su despistado dueño se acordara dónde podía haberla olvidado y regresara en su busca.

Levanté la mirada y no vi a nadie que pudiera ser su propietario; e indeciso si involucrarme o no, continué observándola posada sobre la descolorida tabla del banco, cuando percibí repentinamente una variación en la intensidad de la luz y la salpicadura de una pequeña gota de lluvia al impactar sobre el dorso de mi mano derecha. Entonces, como sucede en las películas, en pocos segundos el cielo se oscureció completamente y comenzó a llover... Deduje que no duraría demasiado allí, desprotegida y a la intemperie, si la lluvia se volvía consistente, y decidí cogerla.

En las Islas Canarias, en esa época, se generan ocasionalmente lluvias que provocan, según el dicho popular, *más calor*. Lo cierto es que el inesperado *chispi-chispi* inicial se tornó continuo, y a *continuación* se convirtió en un auténtico chaparrón que me obligó a correr apresuradamente hasta el soportal más cercano a protegerme.

Los meteorólogos nunca aciertan, pensé mientras trotaba a paso ligero.

El portal donde me había guarecido pertenecía a una cafetería que, a pesar de la huelga se encontraba abierta como muchos otros establecimientos; consecuentemente, sin poder moverme a causa del aguacero, entré y me senté en un rincón pidiendo un popular *leche y leche* a la señorita de aspecto oriental que atendía las mesas.

Con la agenda en mis manos y nada mejor que hacer traté de averiguar a quién pertenecía, razonando que pudiese ser de alguien de la zona.

Así, deslicé lentamente la banda elástica que la mantenía cerrada hacia su lateral y la abrí con sumo cuidado. Me sorprendí al contemplar la primera página, allí donde debía indicarse *"In case of lost, please return to"* y *"As a reward: $"* habían dibujado un sol, varias caracolas, una carita sonriente y algunos garabatos de apariencia infantil; lo que hacía suponer a primera vista que se trataba simplemente de un cuaderno pintado por un niño. Sin embargo en la hoja contigua, impreso tipográficamente rezaba: *"Moleskine Diary 2010"*.

Era una agenda actual.

Observé que en el reverso de su portada habían representado con grafito el contorno de dos pequeñas manos y escrito dentro: "mano de Sergio izquierda" y "mano de Jorge derecha". Pasé una hoja y descubrí nuevos rayones y garabatos, así que moví varias de golpe buscando más datos hacia el interior.

En la página correspondiente al día 5 de enero se mostraban apuntes e inscripciones típicas y normales de una agenda de reuniones junto con esquemas, cifras y pequeños dibujos a modo de croquis o diseños.

Entendiendo que, efectivamente, el cuaderno consistía sencillamente en una agenda laboral donde, como en muchas otras, habían suscrito los habituales teléfonos, direcciones, horarios así como características relaciones de trabajo.

Esta conclusión la pude corroborar al pasar un par de páginas más hasta llegar al día 11 de enero, donde se leía:

Llevar informe a encuadernar.

A las 10 recoger coche en taller.

Hacer proyecto de local e ir al ayuntamiento.

Es decir, reseñas normales en la agenda de cualquier profesional. Sin embargo, intercalado entre varias de esas anotaciones también se encontraba dibujado un *sol sonriente*, y escrito con delicada caligrafía bajo él:

Yo Soy.

Es fantástica

la abundancia de hoy.

Extrañado, contemplé por unos segundos aquella anotación tan pura y tan personal; resultándome un tanto enigmática o al menos inusual, y por un momento sentí que quizá podría estar transgrediendo la privacidad de su autor sin darme cuenta.

Por ese motivo, y con el fin de averiguar alguna referencia que me proporcionara pistas acerca del mismo, pasé de nuevo varias páginas; procurando claro está, no leer detenidamente ninguna de las notas que contenía, con la esperanza de encontrar alguna tarjeta de contacto o bien un número de teléfono al que poder llamar.

Las notas generales que observé de soslayo indicaban a tenor de las inscripciones, pequeños esquemas o dibujos, croquis acotados y observaciones, que la agenda debía pertenecer probablemente a un técnico. No obstante, otras anotaciones se prestaban a confusión.

Me paré el día 8 de febrero. En letras grandes se había escrito:

1º Vivir,

2º Vivir,

3º Vivir,

Luego el resto de cosillas...

Junto al dibujo, nuevamente, de un *sol sonriente* y un listado normal de quehaceres: *organizar facturas, visita programada a tal sitio, informe sobre humedades, realizar llamadas a determinados teléfonos*, etc.

Llegado a ese punto, con independencia de la posible transgresión que podía provocar el repaso de algunas páginas en busca de datos, comencé a tener cierto interés por los apuntes tan directos, casi infantiles o primarios que el dueño de la agenda parecía anotar sin ningún tipo de reparo o pudor. Y aunque también me empezaba a sentir como un indiscreto niño que ojea y *fisgonea* en el diario de su hermana mayor, el embrujo desapareció justo en el momento en que la señorita, de marcados rasgos, depositó la taza de café con leche y leche condensada sobre mi mesa; devolviéndome así a la realidad del lugar.

Por su mirada recabé que se fijó en las páginas abiertas que tenía desplegadas ante mí. Retrocedí entonces unas cuantas hojas inconscientemente intentando ocultarle absurdamente mi *curiosidad*; clara y patente en las llamativas letras de color rojo y el *divertido* sol de dibujos animados expuestos en ese momento a la vista de cualquiera.

Ella depositó un sobre de azúcar sobre el plato junto a la taza. Me miró una vez más y sin comentar nada, dio media vuelta.

—Gracias —contesté al tiempo que bajaba la vista y contemplaba la página sobre la que tenía puesta mi mano: "Friday february 5."

En ésta había dos o tres anotaciones en varios colores: *acudir a tal lugar, agilizar tal reclamación, asistir a tal reunión...* y escrito en negro –como fuera de contexto- lo siguiente:

Símil del mar como Universo:

Incidencia de agentes externos en nuestra vida.

Somos seres navegando a bordo de barcos sobre un inmenso océano.

Los conocedores de Ser, son capaces de poner rumbo hacia donde desean y por tanto controlar sus vidas.

Los que no saben que Son, creen ser presas de las casualidades y de los agentes externos al barco en el que viajan y por tanto se mueven sin aparente dirección, a la deriva, arrastradas víctimas de las circunstancias:

*Tormentas, temporales, corrientes, mons-
truos marinos, remolinos, acantilados, rocas,
etc. ...*

*O "con suerte" conducidos hacia playas para-
disíacas, tiempo en calma, cielos despejados,
mares cristalinos... (Buenos sitios-buenos
acontecimientos).*

*-Pregunta: ¿esos agentes externos afectan
a los primeros?*

*-Respuesta: sí pero los primeros saben
dónde se encuentran y hacia dónde se dirigen,
luego lo exterior forma parte de la diversión y
aventura de su viaje.*

...Y debajo la firma de su autor.

Intrigado me recliné levemente sobre el respaldo de la silla y repasé nuevamente lo leído sintiendo cierta intriga acerca del enigmático dueño de la agenda que sostenía en mis manos.

Sentado en una postura más cómoda, aproveché para tomarme el tibio contenido de la taza, saboreando el *regustillo* de la leche condensada que se deslizaba lentamente desde su fondo hasta mi garganta, a la vez que pasaba varias hojas de nuevo con mi mano izquierda.

Al principio de la página correspondiente al día 23 de febrero se mostraba un gran sol dibujado y junto a él, grande casi en mayúscula dominando el encabezado, escrito:

Se Tú.

Y subrayado a continuación:

Enfoca conscientemente

tu pensamiento

hacía lo que desees...

Debajo, notas simples de agenda.

Por el contenido general y su patrón de escritura deduje que su autor no sólo era un técnico o un perito sino que, de alguna forma, debía ser alguien relacionado con el mundo de la construcción… Sin embargo el contraste de las singulares anotaciones que realizaba intercaladas y su exquisita caligrafía me desconcertó y cautivó completamente.

La abrí una vez más por su zona intermedia, la separación de las páginas revelaba la existencia de unos documentos doblados.

Estas se correspondían con los días 29 y 30 de abril. De nuevo, en su encabezado, figuraba el dibujo de un sonriente sol y en los cuatro primeros renglones escrito en letra grande:

6.000 euros al mes por 5 años + 15.000.000 euros.

Y en el quinto:

Gano 6.000 euros al mes durante 5 años + 15.000.000 euros.

El resto, anotaciones habituales de trabajo: *terminar informe, comenzar proyecto, cancelar visita…* pero entre los folios doblados en su interior se encontraba una tarjeta de visita y una minuta de trabajo efectuada por un arquitecto.

Una y otra coincidían en el nombre, dirección y datos de contacto; por lo que por fin descubrí lo que buscaba, decidiendo directamente llamar a su propietario marcando el número de teléfono que figuraba como Estudio de Arquitectura.

Deposité la taza vacía sobre la mesa, y pulsé los números en mi teléfono móvil contemplando las cifras anotadas al comienzo de aquellas páginas abiertas preguntándome si eran reales, y lo más sorprendente aún: ¡la minuta indicaba honorarios por una cantidad millonaria!

Pasé rápidamente las hojas hacia delante esperando el tono, decidido a saber cuándo había sido efectuado el último día de anotaciones, averiguar cuánto tiempo había transcurrido desde su extravío; quizá llevara ya algunos días perdida y alguien la colocase en aquel banco al encontrarla quién sabe dónde.

Verifiqué en casi todas las páginas la representación de un sol dibujado con una enorme sonrisa al comenzar el día. Al llegar al final del calendario, intentando no *fisgonear* más una vez obtenida la dirección, comprobé para mi asombro que la última nota se había elaborado ese mismo día, el 29 de septiembre.

Y escrito:

Mi naturaleza es infinita, eterna y poderosa.

Yo Soy.

... Y por supuesto, el sempiterno sonriente sol amaneciendo sobre un dibujado horizonte de aguas quietas.

Debajo:

Hoy hacer lista de deseos...

DOS

Una Lista de deseos

—¿Si, diga? —contestaron al otro extremo de la línea.

—Hola, buenas tardes, mi nombre es Enrique —respondí— ¿hablo con Don Luis?

—Sí, ¿de qué se trata? —sonó con voz pausada.

—Verá, esta misma tarde he encontrado una agenda. Creo que es suya, estaba sobre un banco de la calle San Bernardo.

—¡Caramba..!, disculpa un momento —dijo tratándome familiarmente. Escuché cómo apoyaba el teléfono encima de una mesa, ruido de papeles y el aparato nuevamente cogido.

—Sí, efectivamente, debe ser la mía —replicó—. Debí dejarla olvidada por la mañana en algún lugar. No está en mi maletín.

—He hallado en su interior una tarjeta con una dirección y un número de teléfono y he pensado que quizá su dueño la estuviera buscando. Me causaría un gran trastorno extraviar la mía, sobre todo por la lista de teléfonos y contactos que tengo anotados en ella —expliqué.

—No es mi caso particular, aunque ciertamente reconozco que se trata de un valioso regalo que me hizo un buen compañero y amigo, resultándome muy útil. Si me dices dónde puedo localizarte pasaré a buscarla, o bien si te resulta más cómodo, simplemente déjala en algún lugar donde puedan entregármela más tarde. Ahora mismo me encuentro un poco liado en mi estudio.

Por un momento dudé en dejarla en la cafetería donde me hallaba, pero *algo* en mi interior quiso conocer al peculiar personaje que se comunicaba conmigo desde el otro lado de la línea; al profesional capaz de dibujar aquellos *machanguitos*...

—¿Sabe? —creí conveniente seguir tratándole de usted—. Regresaré a casa caminando, son ya más de las seis. Ha parado de llover y si usted está en la dirección de la calle

Venegas que indica la tarjeta, puedo pasar por allí y devolvérsela personalmente. Me viene de camino.

—¡Genial! Eres muy amable. El número del portal es el 45, un edificio de color crema situado frente a las oficinas de Hacienda.

Tan pronto apagué el teléfono, cogí la agenda y me levanté; y acto seguido aconteció el detonante que originó la propuesta que con posterioridad realicé al arquitecto:

De la agenda cayó, meciéndose mansamente en el aire, un folio doblado por la mitad.

Al recogerlo del suelo observé que contenía una lista en cuyo encabezado figuraba el mismo nombre del estudio de arquitectura, así como el mismo nombre del arquitecto. Y como asunto rezaba:

Listado de Elementos Personales. Y debajo, a pie de página, escrito:

Plazo: diciembre 2011.

Dividiéndose gráficamente en tres columnas, tipo tabla de Excel o Word, donde la primera indicaba *Elementos,* la segunda *Características* y la tercera *Unidades/Cantidades.*

Examiné con atención el contenido de la lista. Las columnas se relacionaban con cuatro filas de grupos:

- *Ropa.*

- *Accesorios.*
- *Varios.*
- *Otros.*

A primera vista no tenía nada de particular; un listado bien organizado de diversos objetos. En la columna de ropa se señalaban *pantalones, camisas, calcetines, zapatos,* etc.... En la columna de características, se identificaban los *tipos, marcas, tallas o colores* y por último, en la columna de cantidad, se detallaba el número de prendas.

Lo cierto es que no se podía establecer si se trataba de una relación o inventario del vestuario de una persona, o quizá de una lista bien desarrollada de los enseres para un viaje.

En el apartado de accesorios se describía, entre otros, *una mochila, un frasco de colonia, una crema hidratante, un reloj y unas gafas de sol.* Al igual que en la anterior, perfectamente detallado.

Finalmente comprendí que no era una descripción de útiles para un viaje cuando en el apartado de *Varios* leí:

Una tablet, un ordenador, una pantalla de 21 pulgadas, una impresora multifunción, una cámara de fotos, puesta a punto del coche, una caja de herramientas y un taladro, con sus respectivas indicaciones de características y unidades anexas...

Pero lo más peculiar que llamó mi atención estando de pie en medio de la cafetería, fue el apartado de *Otros, plazo diciembre 2012:*

Realizar crucero, viajar por el mundo, construir una casa con jardín, tener un perro, vivir conscientemente y en plena alegría. Ingreso 6.000 euros al mes durante 5 años. Ingreso 15.000.000 de euros. Practicar deporte a diario. Disfrutar con la familia y su crecimiento. Leer. Escribir un libro. Aprender idiomas. Conocer lugares, gentes y culturas. Imaginar cada día/cada instante. Reconocer cada señal.

Y debajo, *continuará.*

Como colofón se indicaba al final con mucha "coherencia": *firmado en Las Palmas de Gran Canaria a 29 de septiembre de 2010.*

Releí la relación. En cuestión de ropa, accesorios y varios podía resultar ser una clasificación de objetos efectuada por cualquiera...

Pero chocaba frontalmente con mis principios la solemnidad con la que alguien había elaborado una lista que incluía, entre otros, viajar en crucero, visitar otros países, percibir ingresos de quince millones de euros en un plazo de menos de veinticuatro meses, etc. junto a actividades deseables para casi todas las personas.

Mi cabeza no alcanzaba a imaginar un profesional con titulación relatando o describiendo un listado de anhelos, con un plazo establecido de *entrega*, como quien redacta la memoria para un documento técnico.

No consistía en ser dueño de una serie de cosas o generar el listado de actividades de un millonario excéntrico.

¿Qué podría ser sino una "Petición de Deseos"... con fecha de obtención y su propia rúbrica?

Extrañado, dejé unas monedas sobre la mesa y salí de la cafetería despidiéndome de la exótica señorita de rasgos orientales sin obtener contestación.

Mientras caminaba escoltado por los comercios de la calle Mayor de Triana pensaba en la gran convicción que había que tener para plasmar por escrito tales deseos, preguntándome cómo era posible que los hubiera redactado sin ser una especie de broma, sin ser un juego. Eran deseos anhelados por cualquiera pero, hacer una lista con fecha de entrega…

Así, teniendo en cuenta los tiempos de crisis que estábamos viviendo, me pareció interesante escribir acerca de ello. Sentí más curiosidad y me senté de nuevo en un banco del Parque de San Telmo, situado a medio camino del estudio, cerca de su renovado kiosco de estilo modernista; para echar un último vistazo a las curiosas anotaciones de la agenda.

Descubrí en la primera abertura el día 6 de julio, junto al típico sol, escrito lo siguiente en el encabezado y en grandes letras:

Utiliza tu pensamiento solo para crear...

Utiliza tus sentidos para sentir y vibrar con tus creaciones...

Permanece atento a las señales...

Pasé hacía atrás unas cuantas páginas. Entre los días 22 y 23 de junio figuraba dibujado en grande el astro rey y en medio escrito:

Sí Puedo.

Subrayado y en mayúscula.

Y en rojo, la primera anotación:

Recuerda: dedica un poco de tiempo cada día a pensar en lo que quieras ser.

…Unas cuantas notas más y en el quinto renglón del día 22 leí:

La sabiduría reside

en saber controlar tus reacciones

ante falsas creencias.

No hay más momento que tu presente.

Y en el extremo de la hoja correspondiente al día 23 de nuevo una especie de lista, pero esta vez manuscrita:

Vivir. Sentir. Pintar. Leer. Escribir. Tocar la guitarra. Hacer deporte. Viajar a placer. Disfrutar de mi Familia...

Sí, así Es.

Quedé entusiasmado con las misivas que leí, repasándolas mentalmente mientras desdibujaba los tonos del parque donde me encontraba entrecerrando levemente mis ojos... Con ellas podría escribir acerca de la visión positiva que todos llevamos dentro.

Y aunque sabía que no debía hacerlo, no pude dejar de indagar en busca de más detalles que me sirvieran posteriormente. Así que decidí revisar cada día de la agenda y localizar elementos peculiares o significativos escritos por el arquitecto.

Me paré entre los días 28 y 29 de marzo. En el primero escribió extensamente con grafito todo el espacio de la página, de arriba abajo, intercalando pequeños soles sonrientes en color rojo.

Me sorprendí nuevamente al leer:

Manifiesto y expreso mis deseos:

Mi familia con salud, amor, abundancia y felicidad.

Mi cuerpo y mi mente con equilibrio, alegría, vitalidad y conocimiento.

Mis amigos, como apoyo en la cocreación de realidades para desarrollo de mis deseos internos.

Mi entorno como proveedores de situaciones y contrastes.

Mi casa renovada, espaciosa, limpia, ordenada, luminosa, en armonía, llena de amor.

Mi trabajo como un placer, un entretenimiento sencillo, gratificante, agradable, fluido, amplio. Sueldo de 6.000 euros al mes.

Mis aficiones: hacer deporte, sentirme ligero, ágil; practicar a diario, feliz. Aprender a tocar la guitarra. Diseñar y construir una nueva casa. Tener un perro. Pintar cuadros. Escribir libros. Aprender sobre el mundo. Disfrutar con mi familia cada conocimiento. Descubrir Cosas. Nuevas realidades. Inventar nuevos Universos. Visitar lugares, ciudades, y paisajes. Viajar apaciblemente, conocer gente.

Mi dinero: llega en abundancia. Llega con fluidez.

Mis experiencias: constantes, en evolución, en armonía con el Todo.

Y en la página contigua, perteneciente al lunes, escrito en la cabecera:

Buenos Días Universo,

Gracias Por Todo.

El resto anotaciones de trabajo.

Me dispuse a pasar, una por una, cada página. En lo que antes, en la cafetería, había ojeado por encima y sin prestar mucha atención, ahora quería averiguar y conocer cada palabra o anotación no convencional. De alguna forma necesitaba saber más.

Percibí cómo un escalofrío estremeció mi cuerpo...

Sentí una extraña atracción por lo escrito: un diario de ilusiones y deseos, plasmado en la agenda de trabajo de un profesional de la construcción.

De repente sonó el móvil. Reconocí el número, era el dueño de la agenda.

Me percaté del retraso.

—Hola Don Luis —contesté, sin apenas darle tiempo a decir nada.

—Estoy cerca del parque de San Telmo, en diez minutos estaré en su estudio; mentí torpemente.

—No te preocupes, olvidé que había quedado con mi mujer para realizar unas compras en la zona comercial de Mesa y López.

—Ah… —dije sin saber qué decir.

—La cuestión es que ya me marcho —prosiguió —. Será mejor que pase mañana por tu trabajo, o por donde te encuentres, para recoger la agenda.

—Bueno, como autónomo gozo de cierta libertad y mañana trabajaré en casa —expliqué—, aunque saldré a partir de las doce del mediodía para realizar algunas gestiones. Si quiere, aprovecho y me acerco a su estudio, precisamente tengo que arreglar los papeles del traspaso de mi coche en las oficinas de Tráfico frente a su despacho. ¿Le parece bien Don Luis? ¿Estará allí o habrá alguien para recogerla? —Volví a preguntar sintiéndome culpable por el retraso.

—Perfecto —dijo sin más—, así podré darte las gracias personalmente, te espero.

Me despedí, apagué el teléfono un poco sorprendido, cerré la agenda y me dirigí tranquilamente de regreso a casa.

Por *casualidad* las cosas se pusieron a mi favor. Tendría tiempo de estudiar la agenda con calma y extraer lo más interesante de ella...

A la mañana siguiente le comentaría mi intención de escribir un artículo si no le causaba ningún inconveniente.

TRES
El artículo

A pesar de la huelga la mayoría de los comercios estaban abiertos aquella tarde, seguramente El Corte Inglés también, pensé.

La otrora lluvia había cedido su puesto a un brillante cielo anaranjado, próximo al caer de la noche. Durante el paseo reflexioné acerca de las notas.

Recordé que cuando era pequeño mis padres tenían un cuaderno titulado "El método Silva de Control Mental"; narraba cómo estimular la mente con *mensajes* positivos, similares a los escritos en la agenda.

Al llegar a casa investigué de nuevo en ella en busca de más datos, pero previamente pasé casi cuarenta minutos en la red averiguando información acerca del estudio. Comprobé con mayor perplejidad que aparecían trabajos publicados en una página Web de arquitectura.

De este modo pude conocer varios edificios y casas construidas así como también un análisis y descripción del tipo de proyectos que realizaba.

Según lo observado, no se trataba de un *arquitecto excéntrico* que se dedicara a escribir mensajes reveladores; al contrario.

Por consiguiente deduje que debía ir en serio con lo que significase su práctica de dibujar soles y escribir *misivas positivas*.

Repasé cada página desde el principio.

5 de abril:

Hoy es un gran día para hacer magia:

Vívelo.

Dibujado el eterno sol naciente sonriendo. Debajo, varias anotaciones de trabajo y, entremezclados con ellas, notas como:

Recibir abundancia.

Ganar premio (6.000 euros al mes durante 5 años).

Gracias.

Recuerda Qué Eres.

El día 13 de abril, escrito al comienzo:

Hola, ¡gracias por la abundancia!

...Contando al menos cinco soles de distintos tamaños representados por toda la hoja y combinados con perfectas anotaciones vinculadas con el trabajo de un arquitecto.

Verifiqué cómo en casi todas comenzaba cada día con el dibujo de un *sol sonriente*; a veces grafiado emergiendo sobre una línea que simulaba el horizonte y, seguidamente escrito un saludo:

Hola, buenos días...Buenos y maravillosos días...Hola Universo...

Y daba las gracias.

Lo hacía como un ritual, como una forma de comenzar. A renglón seguido redactaba anotaciones generales como un trabajador autónomo cualquiera; a excepción de los mensajes o deseos que de vez en cuando plasmaba.

Entre las páginas correspondientes a los días 21 y 22 de abril descubrí lo que parecía un billete de 500 euros doblado. Me fijé mejor y comprobé que en realidad se trataba de la mitad de una fotocopia casi tan real como uno de verdad... estaba pegado a las hojas en sentido vertical con cinta adhesiva transparente.

A ambos lados dibujados dos soles sonrientes y escrito nuevamente:

6.000 euros/ mes + 15.000.000 de euros, la palabra *Abundancia* y un *Sí* subrayado.

Y el día 17 de mayo:

Recuerda:

- Vive Ahora.

- Vive en el Presente.

- Busca el Bienestar interior...

Notas varias de trabajo y un sol. Al lado, el día 18, junto a la lista de quehaceres remarcado:

Sabios consejos.

Señalando las frases que el mismo autor había escrito el día 17. Y terminando en color rojo:

- Vive cada Momento.

- Piensa lo que te Apetezca.

- Sobre todo haz aquello que te haga Sentir Feliz.

Día 21 del mismo mes. Una lista de anotaciones sobre las que en su encabezado se había escrito: *Sonreímos*. Dibujado un sol y debajo cifras, cantidades expresadas en euros. Al final de todo, en letras grandes:

Sí,

el Universo responde Siempre.

Lunes 28 de junio. Comenzaba:

Hola,

Tienes el Poder y el Derecho de Definir tu Vida...

19 de julio, escrito:

Buenos Días.

Hoy es Siempre,

y Siempre es Genial.

Objetivos:

- Ser feliz.

- Crear conscientemente mi realidad
y disfrutar de mi creación, observan-
do y simplemente viviendo.

Día 22 del mismo mes:

Cada día es una creación.

Tu Creación.

Nada Es en términos absolutos.

Así, con el repaso, pude cerciorarme de cómo prácticamente todas las páginas contenían los dibujos del sol, los saludos y algún deseo relacionado con los descritos.

Finalmente llegué al último día, correspondiente al mismo día del hallazgo y, pasando la página al 30 de septiembre, coincidiendo con el día de mi cumpleaños, para mi asombro aparecía escrito:

Buenos días, hoy será un maravilloso día:

Cuentan que los aborígenes australianos no celebran sus cumpleaños... sin embargo, cada individuo en la tribu, cuándo cree que ha evolucionado y cambiado interiormente de alguna forma, es homenajeado y se celebra una fiesta en su honor...

...Así pues, Más que celebrar giros alrededor del sol, celebraré la libertad de haber descubierto que ahora observo las cosas como quiero que Sean...

Gracias Universo.

Increíble, pensé. Será interesante conocerle y conversar con él.

Posteriormente, esa noche, en la cama, repasé mentalmente las anotaciones que había leído, organizando un esquema mental para un posible artículo...

Si un profesional *titulado* Sr. Arquitecto, utilizaba como elemento de apoyo y confianza la autosugestión para obtener mejores resultados en medio de esta crisis, otros podrían considerar también interesante, o al menos curioso y llamativo, la aplicación de sus métodos revelados en las anotaciones de la agenda.

Debía pues persuadir a Don Luis, de algún modo, para que me hablara más sobre sus apuntes y me permitiera introducirlos en un artículo del Dominical...

CUATRO
El Arquitecto

La mañana siguiente me apersoné en el estudio A + I de la calle Venegas.

—Hola Enrique —dijo al abrirme la puerta y sin que tuviera prácticamente tiempo de decir nada.

—Pasa y siéntate —continuó—. En un momento estaré contigo. Estoy atendiendo una llamada al teléfono.

Así que entré.

Había algo que me resultaba familiar en aquel estudio. Estaba compuesto por una única y amplia estancia de color azul claro, casi pastel, con grandes ventanales hacia la calle.

Decorado muy sutil y armónicamente. Había varias mesas con ordenadores, cuadros, proyectos de obras, material informático y muchos libros y revistas. Me senté alrededor de una mesa metalizada para reuniones; llamándome la atención un libro situado sobre ella, titulado "Piense y hágase rico" de Napoleón Hill. Frente a mí, el cristal de un cuadro enmarcado en aluminio me reflejaba.

Luis era un hombre de mediana estatura, bien formado. Debía practicar algún deporte; vestía de manera informal, en consonancia con su imagen de arquitecto. Su voz era agradable y su aspecto general también; poseyendo algo que me resultaba próximo…

Al contrario de lo que había imaginado, el despacho era de lo más convencional. Posiblemente había esperado encontrar un gran sol enmarcado en la pared o encima de su mesa, pero no fue así, irradiaba cierta paz, cierto brillo.

Cuando finalmente se sentó y terminó de hablar por teléfono, se dirigió a mí. Hasta el momento había estado caminando por el estudio.

—Muchísimas gracias, has sido muy amable al llamarme y haberte tomado la molestia de venir hasta aquí trayendo la agenda.

Algo me resultaba conocido. Así que le pregunté:

—¿Le conozco de algo? Tengo la impresión… quizá del instituto… ¿de qué año es usted?

—¡Que yo recuerde siempre he existido…! —contestó jocosamente parafraseando a *Momo*.

Sonrió y desvió el comentario hacia el tema de la agenda.

—Sabía que la recuperaría.

—¿En serio? —contesté tendiendo la agenda sobre la mesa.

—Verás, recuerdo un caso más *peculiar* todavía. Hace unos años revisábamos la ejecución de la cimentación de un futuro edificio de viviendas. Junto al plano del despiece de las armaduras de las zapatas llevaba enganchado un portaminas de un gran *valor* sentimental para mí.

Aquel lápiz de minas me había acompañado durante toda mi etapa universitaria. Había realizado con él la mayor parte de los proyectos, incluido el final de carrera.

Sin saber cómo, de algún modo, esa mañana debió caerse y se perdió entre el laberinto de hierros de las zapatas y riostras.

Al ser su color negro dificultó encontrarlo; además, había llovido y se habían desprendido algunas piedras al fondo de los encofrados. Por la tarde hormigonarían.

Cuando nos marchamos supuse que no volvería a ver aquel portaminas, sin embargo también recordé con gran carga emotiva la cantidad de horas que había trabajado con él, emitiendo un pensamiento muy claro acerca de la conexión con aquel objeto.

Pues bien, allí quedó perdido y me olvidé de él. Pasaron días y la confianza en el vínculo con el lapicero y su pérdida siguió, pero oculto en algún rincón de mi subconsciente. Hasta que una tarde mi hermano me comentó: Han encontrado este portaminas en la obra y me lo han entregado, pensé que podría ser tuyo.

Y allí estaba, como por arte de magia delante de mí, intacto. ¿Sabes? *Algo* quiso que volviese conmigo. *Algo* orquestó el conjunto de *casualidades* que desembocaron en mí. Independientemente de que lo encontrara un trabajador, el cual se lo podría haber quedado, dio la *coincidencia* que se lo entregó a mi hermano, que, también *casualmente* formaba parte de la constructora. Es decir, las posibilidades *reales* eran mínimas y sin embargo, aquí está…

Y sacándolo de un cajón me lo enseñó.

—¡Caramba! —dije—. Menuda suerte.

—Aunque claro, no quiero quitarte tiempo con mis historias Enrique, bastante atareado debes encontrarte —dijo.

—Lo cierto es que —proseguí— quería comentarle un asunto.

—Tú dirás, ¿necesitas hacerte una casa? —sonrió.

—No, no se trata de eso. No quiero que me malinterprete, pero cuando encontré su agenda, la abrí con la intención de contactar con su propietario, buscando las señas de identificación del mismo en sus primeras páginas. Al no encontrar nada en la portada, ojeé al azar algunas hojas, pretendiendo siempre obtener información sobre usted.

—Trátame de tú, por favor.

—Luis... me llamó mucho la atención la manera en cómo comenzabas los encabezados de cada día, con un dibujo de un sol sonriente, así como con expresiones de agradecimiento y saludos hacía ese día de trabajo...

Esperé una reacción suya para seguir mi exposición intentando apreciar si le resultaban incómodos mis comentarios. No fue así, por lo que proseguí.

—...Y casi, de forma *casual,* leí algunas frases escritas. Su tamaño y colorido hacían imposible no recabar en ellas... francamente, me impactó pensar que el dueño de las notas no tenía reparo en escribir sentencias junto a las órdenes o quehaceres del día...

—Ya veo —dijo.

—No solo eran *los solecitos* en cada día o los saludos. Habían manifestaciones de carácter positivo acerca de la mayoría de temas que a cualquier persona le gustaría obtener en abundancia; ya sabes: dinero, salud, éxito, un buen trabajo… y empecé a preguntarme si te importaría que escribiera respecto al tema.

—¿Sobre qué tema exactamente? —preguntó.

—Aún no lo tengo muy claro. Estaría relacionado con los motivos que quizá hayan llevado a un profesional cualificado, con estudios y con su propia oficina o despacho técnico, a incluir motivaciones personales próximas a los anhelos o sueños que casi todos tenemos. Tu agenda de trabajo las incluye como si fueran un encargo más, o parte de ellos. Me gustaría conocer tus razones. Que me pudieras explicar su significado, su importancia…

—No tengo ningún inconveniente, tan solo te pido que cambies algunos datos privados y estaré encantado de colaborar contigo. Es lo bueno de tener *poco trabajo*, podemos dedicarle más tiempo a otros asuntos…

—¿Te importa si grabo la conversación?

—No, en absoluto.

Saqué mi grabadora digital Phillips y la puse encima de la mesa pulsando el botón de encendido. Me di cuenta entonces que Luis también tenía la copia de un billete de quinientos euros entre la pantalla de su ordenador y el teclado situados sobre una mesa próxima.

—¡Ves, como eso…! —Dije señalando el falso billete de quinientos euros—, o escribir una lista a ordenador de cosas, incluido dinero, con detalles precisos acerca de todas ellas y fecha para la obtención de las mismas…

Se acomodó en su silla, miró hacia las ventanas, al exterior.

—Hoy precisamente cumplo cuarenta años.

—¡Que coincidencia! Yo también —contesté.

—Entonces te interesará saber que el número cuarenta representa el proceso, el tiempo o culminación de *un desarrollo* en la Cábala hebrea. Cuarenta fueron los años que el pueblo judío vagó por el Sinaí y cuarenta fueron también los días que Jesucristo se retiró al desierto… Así puede que, cumplir esta edad, constituya también la conclusión de un recorrido. Un recorrido espiritual intenso, de libertad en todos los aspectos…

Tanto la lista que encontraste —abrió la agenda para sacarla— como las anotaciones realizadas —pasó rápidamente varias hojas— obedecen a una convicción firmemente constituida durante los últimos años:

Aquello que denominas *realidad*, no es sino un convenio de pensamientos establecidos por la mente humana.

Tu mente, Enrique, construye tu realidad...

Dicho de otro modo: lo que te rodea es producto de tu mente. Así es. Puedes comprobarlo recordando...

Desde pequeño lo intuía, lo sentía pero no sabía los mecanismos por los que se regía la conexión deseo-pensamiento-realidad. Atribuía los acontecimientos al esfuerzo que mi actitud mental realizaba respecto a lo que deseaba; sin embargo como no siempre se cumplía lo anhelado, no era capaz de establecer el nexo de origen que provocaba que determinadas cosas sucedieran y otras, también deseadas, no.

—¿Estás absolutamente convencido de ello, verdad? —Pregunté—, porque lo que más me atrae de todo es que una persona en tu posición tenga una convicción tan firme y contundente sobre lo que cuentas...

—Bueno, Enrique —sentí que miraba en los ojos de mi alma—, ¡ciertamente todo es más bien relativo, según Einstein...! —esbocé una franca sonrisa.

Lo expondré en otros términos: lo que denominas Realidad o Universo tangible no es sino una representación o recreación de tu mente. Son tus sentidos los intérpretes del exterior y el principal agente, tus emociones. La energía constituye el elemento básico de de toda partícula de materia.

Esto es algo científico y, los pensamientos son vibraciones de energía que generan dicha materia cada vez que piensas. En definitiva, ¡construyes *tu realidad* con *tu pensamiento*!

Iba a interrumpirle en ese momento. Me asaltaban muchísimas discrepancias e interrogantes al respecto: guerras, hambre, sufrimiento... pero antes de poder decir nada, se adelantó:

—¿Qué le ocurre a la gran mayoría de las personas?... ¡Que simplemente crean por defecto, Enrique!; porque en general... ¡piensan por defecto!

Es decir, como reacción a las supuestas *realidades* a las que prestan atención.

El ser humano piensa, y por tanto crea; recrea y vuelve a pensar... lo que ha aprendido, lo que ha absorbido, aquello que le ha sido inculcado; transmitiéndolo a los demás... interviniendo en este proceso diversos elementos: condiciones sociales, culturales, noticias, herencias, enseñanzas... Y sin darse cuenta queda atrapado en un círculo cuyo protagonista es su mente: ...la cual, convertida en un instrumento de defensa y protección, pierde su cualidad como canal y elemento creador divino...

Quedando desafortunadamente convertida en aquello a lo que la han acostumbrado y enseñado: a reaccionar.

Y lo reaccionario es, por naturaleza, temeroso, y el temor impide cambiar, y si no hay cambio, no hay evolución. Se recrea una y otra vez las mismas condiciones, aquellas que inconscientemente gobiernan tu mente...

Por tanto, la mente consciente solo tiene lugar como mecanismo de defensa... y, generalmente, rechazas aquellas ofertas que, a pesar de todo, se van mostrando en el camino:

Tu naturaleza es Universal, Divina.

¿Comprendes? ¡Divino como Dios que puede ser, hacer o tener todo aquello que considere! Tangible e intangible.

No supe qué contestar.

—Todos tienen la capacidad de dirigir y formar sus deseos hasta que estos son *reales o materiales*. Tan solo el miedo aprendido, la falta de confianza inculcada, o incluso la sociedad que te rodea, te aleja de las creaciones que puedes realizar. ¿No te parece fantástico, Enrique, que *mezclemos* en castellano el mismo verbo *creer y crear*, cuando hablamos?

—¿A qué te refieres? —pregunté.

—Cuando al hablar la gente emplea el verbo *creer*, hace afirmaciones tales como: creo que lloverá o creo que llegaré tarde o creo que encontrar trabajo ahora mismo es difícil... y sin darse cuenta utilizan con fuerza la conexión que existe entre *creer y crear*. La conexión entre pensar algo y que se produzca...

—¡No me había dado cuenta!

—Por eso existen desde la antigüedad indicadores a modo de paradojas, símbolos, juegos y señales en general que han perdurado hasta nuestros días. Mensajes formulados por personas sabias de todos los tiempos, transmitidos de generación en generación, utilizados inconscientemente por la humanidad...

—Afortunadamente vivimos en una época de máxima apertura mental, de despertar de conciencias...—comenté.

—¡Exacto! En muchos casos la crisis o *cambio* que afecta al mundo desde hace más de dos años ha contribuido a una transformación asombrosa, realmente maravillosa; permitiendo liberar las mentes de los pensamientos que las habían esclavizado durante los últimos tiempos. Haciendo posible observar mejor el Universo que nos rodea y estar en sintonía con él, conformando un solo Ser... Y al fin, entender que es cada uno, como observador, quien crea Todo, que no son las circunstancias o acontecimientos los que guían tu destino... sino lo que decidas hacer o pensar de ellos.

—¿Un poco fuerte, no? Tipo pensamiento positivo y New Age —dije aprovechando una pausa.

—Cómo te comenté, han existido numerosos personajes y datos a lo largo de la historia que han transmitido por activa y por pasiva el mismo mensaje: no eres una víctima, sino un Creador... Actualmente contamos con muchos que han alcanzado el conocimiento y han superado sus temores. Han despertado. Los encuentras en la literatura, la arquitectura, la pintura, la música, incluso en las películas... transmitiendo, unánimemente, los mismos conocimientos a los que está llegando, paradójicamente, la comunidad científica a través de la Física Cuántica y los campos que despliega. Podríamos hablar largo y tendido sobre los iconos, tanto científicos como metafísicos, generados en el último siglo. Multitud de señales reclaman nuestra atención, recordando nuestra auténtica naturaleza.

—Entonces, según tú —le pregunté—, ¿cuál sería esa naturaleza? ¿Qué sentido tiene formar parte de algo que se vive en resistencia o en reacción como dijiste antes? ¿Por qué no ser felices y ya está?

—Puedes ser feliz y ya está, si es lo que te place...

Te lo expondré con un recuerdo que tengo siempre presente sobre una película que vi. Debía tener 4 ó 5 años, aún asistía al jardín de infancia: un bonito lugar situado en la Avenida de Juan XXIII, antes del puente que cruza el barranquillo.

Creo que se titulaba la "Montaña Mágica", aunque no estoy muy seguro. La cuestión es que recuerdo como si fuera ayer, cómo me identifiqué con su historia. En la misma unos niños tenían la capacidad de dirigir las cosas que les rodeaban... escoba haz esto, mesa muévete, puerta ciérrate... lo hacían con sus pensamientos o tocando instrumentos mágicos. Esa película provocó un estado de fluidez conmigo mismo, un estado de sintonización con mi ser.

De alguna manera me sentía reconocido en ella. Como si algo me dijese: escucha... así eres tú también; si chasqueas los dedos, tal cosa ocurre o tal cosa aparece...

—Sin embargo, creces y te hacen olvidar tu naturaleza mágica, ¿no?

—Efectivamente, olvidas el poder de tu pensamiento al vivir en un mundo con patrones preestablecidos, transmitidos de unos a otros y basados fundamentalmente en la supervivencia, el proteccionismo, el miedo, el temor a no ser querido, a no ser aceptado, no tener trabajo, no tener comida, no tener salud, a no tener... a no ser... ¡y la mente se transforma en pura reacción! ¡Busca protección, mecanismos que le proporcionen seguridad olvidando su verdad! ¡Ella es el instrumento de conexión con nuestra divinidad: La Fuente! ¡La dueña y señora de lo que quieras ser o tener!

Es un poco duro de digerir esto, pensé.

Y como leyendo mi pensamiento dijo:

—Te lo expondré con un símil, Enrique. Cuando éramos pequeños estaban de moda unos muñequitos que se conocían como "clicks". Los había de todos los tipos y épocas, con múltiples accesorios… eran fantásticos ya en aquellos años. De hecho, su evolución ha sido tan grande que hace poco tiempo un conocido centro comercial organizó una exposición con ellos representando distintos escenarios, recreando diferentes épocas. Increíble ver la cantidad de complementos que habían desarrollado. En un diorama se retrataba la época de los romanos, formando toda una legión romana, en otro la de los piratas con unos barcos de lo mejor pertrechados. En la época medieval habían recreado el asalto a un castillo feudal. Era asombroso contemplar a los caballeros con sus armaduras subidos en sus caballos y perfectamente ataviados con enseres medievales. Incluso en la época actual recrearon una ciudad moderna con hospitales, escuelas, gasolineras, coches deportivos, un aeropuerto…

Disfrutaban viéndolo tanto niños como mayores.

En los años setenta no había tanta variedad, desde luego, pero ya disponían de bastantes elementos con los que pasar horas y horas jugando… imaginando, creando y recreando situaciones, estados, tramas, historias… en definitiva, de lo que trata todo juego: de entretener.

CINCO
Jugando a los clicks

Allí estaba, en un estudio de arquitectura hablando de "clicks" y observando la fotografía de un edificio enmarcada en aluminio color plata, suspendida en la pared.

—Pero los edificios que veo en las fotos que cuelgan de las paredes del estudio son obras reales...

—Imagina por un momento que vuelves a ser un niño y te dispones a jugar con los "clicks" como antes. Formas, creas por diversión, una ciudad y todos sus posibles contextos, recreando distintas escenas, como las de la exposición. Imagina que cuentas con una ciudad moderna y dispones de aquello que quieras, adquiriendo en un bazar cercano las distintas partes, artículos y accesorios para establecer la historia que se te antoje: Te conviertes en un Dios creador, das vida a tu juego, a tus muñequitos, como hacías de pequeño.

¿A que generalmente tenías tu favorito?, al menos durante temporadas…

—Sí. Supongo…

—Vale, comienzas a jugar. Te entretiene representar situaciones poniendo como protagonista principal a ese "click" especial; interviniendo otros muchos, directa o indirectamente, en tu decorado y… atento a esto… —matizó— llega un momento en que la propia evolución del juego empieza a desarrollarse por sí sola, auto alimentándose según determinas esto o aquello; mientras, el tiempo corre… estás tan entretenido que pasan horas, días, meses, años y siglos hasta que después de mucho, mucho tiempo, comienzas a olvidar que eres el *Creador* del juego: Te *confundes* con él, adquiriendo las mismas limitaciones y reglas que tú mismo habías establecido. Te *conviertes* en el propio juego…

Fruncí el entrecejo extrañado.

—¿Yo, un juego?

—Con una particularidad: ya no recuerdas tu verdadero origen.

—No entiendo.

—Que sigues siendo el *Creador* último de una forma de entretenimiento y aprendizaje... literalmente caes en un mundo de causas y efectos. *Ya no juegas a ser un "click" o varios:*

¡Eres un "click"!

Y... olvidada tu naturaleza divina, *Superior*, comienzas a etiquetar y clasificar todo cuanto te rodea como elementos a descubrir su origen material; identificándote como un ser denso y finito, separado de todo... La mente del "click" se adueña poco a poco del juego: Crea el *ego* que, desconocedor de su auténtica *Fuente,* solo es capaz de comprenderse como un Ser sujeto a lo que ocurre a su alrededor...

—¿Me sigues?

—Ehhh... más o menos...

—Entonces, lo que antes era pura diversión en la re-creación de una escena de, por ejemplo, la construcción de una casa, ahora es algo que hay que hacer porque es tu trabajo: trabajo que necesitas para ganar dinero, dinero que necesitas para pagar la casa en la que vives, la ropa que vistes, la comida que comes...

¡Dejas de vivir, por tanto, en dicha la experiencia de las escenas que como original *Creador* generabas! ¡Ahora eres esclavo de sus circunstancias!

Lo paradójico del asunto es que en cualquier momento puedes conectar con tu Yo Superior, la Fuente de la que emanas, la Fuente que te creó, tu verdadero origen. Basta, sencillamente, con modificar la forma de observar lo que te rodea y descubrir que perteneces a *algo* infinito…

¿Me entiendes, Enrique…? ¡Cuándo eras niño permanecías conectado a tu auténtica naturaleza inmaterial: la energía que conforma todo cuanto te rodea! Pero según crecías te fuiste olvidando más y más de ello a causa de las preocupaciones que el falso instinto de supervivencia del ego ha provocado en ti…

No obstante, si recuperas la memoria acerca del poder creador que tienes, no como un "click" de carne y hueso dando vueltas en una bola alrededor de otra más grande, sino como el auténtico Ser Universal e Infinito que eres: ¿no sería más sencillo cambiar una escena del juego cuando este ya no te complace? ¿No sería más fácil poner el "hospital click" donde te plazca? ¿No sería, simplemente, más sencillo encontrar un aparcamiento para tu "coche-click" en cualquier momento?

—A ver si te entiendo bien, Luis… Según dices, podemos ser o tener cualquier cosa que deseemos, ya que en esencia no somos los "clicks" sino sus creadores… ¿Me equivoco?

—En absoluto. Vas bien.

—Por tanto —continué—, puedo conseguir lo que yo quiera.

—¡Claro que puedes!

—¿Ahora mismo? ¿Un Jaguar descapotable?

—Ja, ja, ja —se rió abiertamente— ¡Sí, aunque sea un tópico!

—¿Un Jaguar negro descapotable?

—¡Como más te guste!

Como creador de tu juego tienes poder absoluto… pero como primera persona identificada como "click" desvinculado de su auténtica naturaleza creadora, lamentablemente buscarás aquello que te han enseñado desde que tenías uso de razón: el medio físico o material que te procure el bien deseado…

Lo que se traduce, en la sociedad en la que vives, en tener que trabajar, trabajar y trabajar hasta poder disponer de suficiente dinero para comprarlo…

Y en ese contexto observarás que su precio es muy elevado y tus ingresos no. Tu mente cartesiana establecerá que es imposible tenerlo. Y sin dinero suficiente para el Jaguar que deseas, pensarás en algo más económico que pueda estar a tu alcance. Te ocurrirá lo que le ocurre al 99% de los seres que habitan este planeta, en lugar de enfocar su pensamiento hacia aquello que desean, lo enfocarás en lo que no deseas: ¡que no tienes suficiente dinero para adquirir el objeto de tu deseo! Impidiendo recibir éste y generando precisamente el efecto contrario a lo que se quiere...

—¡Vale, en este momento —abrí mis manos y miré hacia arriba irónicamente— manifiesto que quiero simple y llanamente un Jaguar descapotable de color negro!

—Recuerda que la petición que realizas está bajo la limitación de las condiciones adquiridas por tu mente a lo largo de tu vida... Sujeta, en consecuencia, a la contradicción y resistencia hacia lo deseado. Es decir, a que permitas que ocurra.

—Entonces, ¿puedo o no, tener mi fabuloso coche? —pregunté contrariado.

—Sí, puedes. Pero como en todo, debes practicar un poco.

—¿Practicar?

—Debes liberar tu mente de las ataduras realizadas por tu ego, el de tus padres, educadores, amigos, cultura, ambiente, creencias, noticias...

—Parece complicado, Luis. ¿Debo retirarme a un monte cerca del Tíbet para ello?

—En absoluto, Enrique... Basta con dejarte llevar por tu Ser interior. Conecta con él escuchando simplemente su voz.

Permite que fluya el bienestar. Que lo inunde todo. Siéntete parte del Universo. Siéntete feliz. Evoca aquellos momentos de tu vida en los que has vibrado exultante, increíble, mágico... porque ha sido en esos momentos cuando te has reconciliado con el Dios verdadero que eres. Y cuando estés en armonía contigo mismo créeme, le ordenarás a esa montaña que se mueva y se moverá. Podrás cerrar los ojos, chasquear los dedos y solicitar un flamante descapotable. ¡Los abrirás y allí estará!

—Por tanto —dije—, el problema no radica en lo que deseamos, sino en las contradicciones o resistencias que impiden que lo alcancemos...

—Correcto, Enrique. Aprendes rápido.

—Y, según dices, estas son producto de nuestra propia mente o ego —continué.

—Lo entenderás más rápidamente observando a las personas que te rodeen... Escucha lo que hablan y comprobarás la *realidad* que transmiten. Ya que son el producto de su pensamiento...

Es el caso de un amigo con quien suelo ir a correr por las mañanas temprano. Lleva más de tres años preparándose para ser bombero. Estudia y practica deporte a diario, solo se dedica a ello. Un día me comentó que se habían convocado los exámenes: ¡genial! Contesté, ¡por fin! Respondiéndome: sí, pero se presentan casi ochocientas personas para diez plazas... ¿te das cuenta? ¡En lugar de focalizar la obtención de su deseo, estaba sintiendo, generando y además transmitiendo temor, preocupación y desconfianza, emitiendo pensamientos en contradicción con su deseo, creando resistencia!

—¿Qué ocurrió?

—Por supuesto no consiguió ninguna plaza.

—Claro, tantos para tan pocas...

—¿Quieres ser "click" o el *Creador*? Tú decides.

—*Glup* —Me callé.

—Cuando finalizaba los últimos años de mis estudios de arquitectura impartí clases particulares de Geometría descriptiva, una asignatura de dibujo técnico. Llegué a tener muchos alumnos, realmente me gustaba enseñar... Antes de los exámenes le preguntaba a cada uno: ¿vas a aprobar? La mayoría contestaba sin ninguna convicción ni seguridad: "Bueno... si... vamos a ver... si no es muy difícil, espero que me salga bien..."

Yo les corregía matizando: Debéis contestar que sí aprobaréis. Debéis evocar confianza absoluta en ello. Imaginación, Fe.

Alguno comentaba: "Pero claro, es difícil, casi imposible, no he estudiado esta parte o aquella, no he practicado tal ejercicio, me coincide con otro examen..." En esencia dudaban, tenían miedo...

A lo que respondía: Pero, ¿por qué suspender tu examen de antemano? ¿Por qué justificar tu posible fracaso? ¿Y si el profesor pasando las notas a la lista oficial, se equivoca? ¿Y si ponen los tres únicos ejercicios que te sabes? ¿Y si el profesor da un aprobado general a todos, solo por asistir...?

¿Y si para empezar, Enrique, reconoces la negatividad proteccionista de tu mente actuando como mecanismo autómata en casi todo... y te liberas?

—Ahora que lo mencionas, me vienen a la mente dos hermanos que conozco. De vez en cuando quedamos para tomar algo o comer juntos. Cada uno me habla habitualmente de los mismos temas, y entre los tres acabamos casi siempre hablando también de lo mismo. Visto desde fuera hay señales inequívocas del círculo en que se hayan sus vidas. A uno de ellos le sonríe y le proporciona todo cuanto desea: un buen trabajo, una buena casa, un coche deportivo, muchas relaciones… En cambio el otro no tiene trabajo, no tiene dinero, no tiene expectativas, no tiene relaciones…

—Ambos son dos caras de una misma moneda, Enrique. El modo en que vibran afecta y genera sus realidades. Ninguno lo sabe. Pero son ellos mismos los que proyectan sus vidas. Al que le va mal probablemente no cesa de hablar negativamente de cómo le van las cosas: no tengo dinero, no tengo trabajo, no tengo esto, no tengo lo otro…

—¡Sí, en efecto! —añadí—. Y al que le va bien cuenta siempre cómo le sonríe la vida: que si viaja de aquí para allá, que si ha conocido a tal persona, que si asiste a fiestas, que si tiene esto, aquello…

—Lo paradójico es que ambos son víctimas de sus propios procesos mentales, pero lo desconocen. Seguramente piensen que se debe a la buena o mala suerte…

Simplemente, haz la prueba un solo día. Se consciente de los pensamientos que genera tu propia mente frente a las vicisitudes que se te presenten. Analízalos: descubrirás que, en general, produces más pensamientos negativos o resistentes a tu bienestar, que positivos.

Ahora te pregunto, Enrique, ¿cómo vas a tener un Jaguar si no tienes dinero para ello? Creo que el descapotable que te gusta cuesta aproximadamente 48.000 euros. ¿Cómo vas a permitírtelo?

—¡Quién sabe, Luis! —Sonreí—...a lo mejor me toca la lotería o gano el coche en un sorteo, o un pariente lejano me lo deja en herencia o...

Entonces, me interrumpió.

—¡Perfecto, Enrique! ¡Incluso en este mundo newtoniano coexisten más posibilidades para obtener lo que deseamos que la acción pura y dura: es decir, la vía de la acción física!

—¿He pasado tu prueba de fuego? —pregunté confianzudamente en tono petulante.

—Puede, si eres capaz de comprender lo que Lao-Tse escribió hace más de 2.000 años en el Tao: "No hagas nada y, sin embargo, no queda nada sin hacer."

—Tendré al menos que comprar el boleto, ¿no?

—Tu naturaleza no es la limitada por tus sentidos y tu ego; sino que en verdad es fuerza Creadora Universal...

Y la forma de crear bienestar es a través del pensamiento deliberado, cosa que rara vez hace la gente... tampoco tú.

Enrique, ¡cuanto te rodea es ilusión! El boleto, el coche, el portaminas, la agenda...

—¿Nada es real? —pregunté desconcertado.

—Es *real* en la medida que tú lo *creas*. Todo es un compendio de acuerdos preestablecidos que has asumido sin más. De hecho, te lo han inculcado desde pequeño y así también lo transmites a tus hijos…

Estaba un tanto confuso, pero me sentía bien. No esperaba mantener un diálogo tan entretenido.

—Piensa un momento en la actitud de la gente frente al concepto de lo que consideras *real* y descubrirás que en general están demasiado ocupados y preocupados… *reaccionando*.

Tan absortos están que solo cuando alguien fallece, solo cuando conocen la muerte de algún amigo o familiar y asisten al sepelio es cuando perciben su existencia finita en la realidad espacio-temporal que conocen…

Luego, ¿de qué sirve preocuparse por una casa, un trabajo, un coche, tu jefe o lo que sea? ¿No te parece absurdo?

¡La única especie conocida consciente de su temporalidad sobre la tierra y sin embargo, en vez de dedicarse a experimentar, descubrir, aprender y vivir en dicha… malgasta el valioso tiempo que les ha sido concedido preocupándose de ridiculeces materiales! Y, a pesar de cuantas señales, más o menos encubiertas se envíen, ¡siguen viviendo sin Vivir!

Un sabio inscribió en lo alto de la puerta del cementerio de San Lázaro, en una placa de granito negro: "Templo de la verdad es el que contemplas, no desoigas la voz con que te dice que todo es ilusión menos la muerte..."

—Recuerdo esa placa —pensé.

—Si no estás, ¿realmente qué importa lo que crees ver ahora? Y, si no debes darle importancia a lo que te rodea, ¿por qué no imaginar tu mundo como a ti te guste? ¿Por qué no vivir más a tu manera y no a la que te dicten los cánones preestablecidos? Vacía tu mente y llenarás tu espíritu, libera tu espíritu y obtendrás bienestar. Reconcíliate con tu auténtica naturaleza y descubrirás tu propósito en esta vida: disfrutar experimentando, disfrutar jugando, disfrutar aprendiendo, ¡disfrutar materializando tu Jaguar descapotable, aparcado en la puerta de tu casa!

En ese momento sonó la señal de alarma de mi grabadora, habían pasado 90 minutos desde que lo puse a funcionar, eran cerca de las dos y media.

—El tiempo ha pasado rápido, Luis. Supongo que tendrás cosas que hacer.

—Lo cierto es que he quedado para celebrar este día.

—Ha sido muy interesante hablar contigo ¿podría volver en otro momento? Hay muchas cosas que me intrigan sobre lo que cuentas, tu perspectiva del mundo...

—De eso precisamente se trata: de perspectiva.

—¿Entonces podemos quedar más adelante para continuar con nuestra conversación?

—Claro, cómo no. Siempre que lo desees. Recuerda: permanece atento a las señales…

Me marché caminando de vuelta a casa con intención de comer, descansar algo y sentarme frente al ordenador. Sin embargo, me avisaron por teléfono que por la mañana, casualmente, había fallecido el padre de una buena amiga.

Como un resorte vino a mi mente la conversación con Luis acerca de la muerte… Su llamada de atención sobre la fatuidad de la vida que percibimos.

Decidí asistir para dar mis condolencias a la familia, a pesar de no conocer personalmente a su padre. Todos estaban en el tanatorio y la incineración del difunto tendría lugar a las cinco y media de la tarde.

Paré en casa el tiempo imprescindible, comí algo ligero, me cambié de ropa y conduje hacia la zona semi-industrial de Miller Bajo.

Milagrosamente encontré aparcamiento casi enfrente del tanatorio. Salí del coche y al cerrar la puerta ¡me quedé helado!

Estaba situado justo, delante del escaparate del concesionario oficial Jaguar. Un escalofrío recorrió mi cuerpo: ¡En la exposición se exhibía un flamante descapotable negro!

Permanece atento a las señales... recordé.

SEIS
¿Percibimos la misma realidad?

A lo lejos los barcos flotaban mansamente en las suaves aguas del puerto. En el horizonte se desplegaba una magnífica vista. Los rayos del sol atravesaban las nubes provocando una fantástica imagen de etéreas cortinas de luz. Su reflejo en el mar evocó en mí el sonido de los violines *in crescendo* de la banda sonora de la película Los Inmortales.

Era temprano. Esperaba en la Avenida Marítima para hacer unas gestiones. La emoción del espectáculo que contemplaba me produjo una intensa vibración: si la realidad es una proyección de nuestro pensamiento, ¿qué realidad es la que percibimos?, ¿percibimos la misma realidad? No, pensé.

Sin embargo, fijamos unos patrones que tomamos como inmutables... dibujando con tiza un círculo en el mar con la pretensión de limitarnos a éste...

La sirena de una ambulancia interrumpió mi pensativo estado. Mi mente respondió preguntando: ¿es la realidad del enfermo la misma que la de una persona sana?, ¿es la misma la del pobre que la del rico?, ¿la del niño que la del adulto?, ¿la del trabajador y la del parado?... Recordé el asombro de mi amigo Tomás, un vendedor de seguros, cuando me contó la indignación y la frustración que un cliente suyo sentía porque su nuevo Porsche estaba equipado con un aparato de música que rozaba, levemente, su rodilla al conducir...

La magia desapareció. El teléfono sonó: era don Rafael.

Me comunicó que sintiéndolo mucho suspendían *temporalmente* mi colaboración con el Dominical... Despedían a parte de la plantilla y prescindían de casi todos los colaboradores externos a causa de la bajada en las ventas por la profunda crisis que vivía el país...

Irónicamente permaneciendo de pié con el tono del teléfono resonando en mi cabeza, mi pensamiento se centró en el editor, don Rafael, quien me recordaba con su corte de pelo al cepillo y sus pobladas cejas al jefe de Peter Parker representado en los cómics de Spiderman. Siempre gruñendo, gritando. Un ser pragmático y huraño, con evidentes signos de vacío interior… El mismo vacío que sentí yo.

A raíz de ahí, mi vida dio un giro de ciento ochenta grados. A los problemas económicos se unieron los familiares y a éstos los de salud.

Fui arrastrado en una espiral descendente hacia un pozo oscuro, denso y profundo… lejos de la visión de Luis…

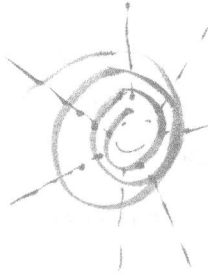

SIETE
Todo es imaginado primero

Verano de 2012.

No sé por qué, pero aquella tarde una voz sonó en mi interior: "Reconoce las señales...".

Llevaba casi más de un año aguantando a duras penas. La situación general había empeorado. La selección española se enfrentaba a la de Portugal en el europeo de fútbol. En el equipo portugués había un jugador llamado Luis Cañas y por algún motivo, comenzaron a fluir recuerdos acerca de aquel enigmático arquitecto que escribía sus deseos en una hoja de Excel.

Sin pensarlo dos veces localicé fácilmente su teléfono en Internet y, después de dos años, volví a llamarle.

—¿Luis? Buenas tardes, disculpa que te moleste. Soy Enrique. Te devolví tu agenda hace un par de años, no sé si te acuerdas de mí…—dije tímidamente.

—Hola Enrique —respondió—. Por supuesto que se quién eres; de hecho esperaba tu llamada…

Me intrigó un poco su comentario pero proseguí.

—Verás, ¿recuerdas que te comenté la posibilidad de escribir un artículo sobre tu manera de afrontar las cosas?

—Claro, ven mañana por la tarde, las puertas del estudio siempre están abiertas. Hay una cafetería detrás de la oficina, podrás probar sus estupendos bocadillos de jamón serrano con aceite y tomate. ¡Los mejores de toda la ciudad! —dijo.

—Perfecto —contesté—. Por mí encantado, allí estaré.

Omití comentar nada acerca del tiempo transcurrido. Su disposición sonó tan pura que supuse que no importaban las circunstancias pasadas, ni el artículo… Estaba más interesado por su contenido y, cual intrépido reportero de novela, me guié de mi instinto investigador, amaestrado por aquellas lecturas y aventuras que devoraba de pequeño disfrutando de los tres investigadores de Alfred Hitchcock... Además seguía disponiendo de mucho tiempo libre.

Así, de nuevo, como si no hubiera pasado el tiempo, al día siguiente me reencontré con Luis...

Habíamos quedado a las cinco y recorrimos juntos el trayecto que separaba el despacho de la cafetería. Nos sentamos en una mesa situada en la esquina cerca del cristal que servía de escaparate hacia la calle León y Castillo.

Me disculpé por el retraso.

Luis me respondió con una amplia sonrisa, diciendo:

—No pasa nada... el tiempo es un concepto relativo, Enrique. Nada ocurre hasta que tiene que ocurrir...

¡No había cambiado en absoluto, incluso me pareció más joven! Y seguía manteniendo el mismo aplomo y serenidad a pesar del tiempo transcurrido...

Pedimos un par de cervezas y bocadillos de jamón ibérico de Salamanca. La visión de la cerveza fresquita en la mesa contigua motivó el cambio del café por ellas.

Tras el primer encuentro, dos años atrás, se acumularon diversas cuestiones en mí. Dudas que quería preguntarle. Pero no pretendía que fuese un cuestionario o entrevista, así que celebré su propuesta de reunirnos tomando una cerveza.

Saqué mi desgastada grabadora y la puse encima de la mesa. Entre bocado y bocado, fuimos conversando amenamente.

Comencé comentándole lo ocurrido el día después de conocernos, cuando inconscientemente bajé del coche y descubrí que estaba frente al escaparate del concesionario Jaguar, viendo un modelo XR negro descapotable.

Sonrió otra vez y me preguntó:

—Pensé que querías tener tú el deportivo, no solo verlo...

—¡Claro que me gustaría! —repliqué riendo—. Lo que llamó mi atención fue cómo después de haber hablado del deseo de la adquisición y materialización del coche, me encontré delante de él aquella misma tarde: ¿cómo fue posible? ¿Casualidad?

—*Todo es causal.* Nada es *casual* —contestó con absoluta parsimonia, casi como si no hubiese pasado un solo segundo de la conversación que mantuvimos en el estudio...

—Simplemente permaneces dormido —continuó diciendo—, aletargado respecto a tu verdadera naturaleza y, por ende, ajeno al auténtico sentido que representa tu entorno: sumido en el sueño de aquello que consideras real, material.

Golpeé con mis nudillos la mesa.

—¿Como esta mesa o la cerveza que hay dentro de estos vasos...?

—Si abres los ojos a lo que te rodea, hacia aquello que crees como tu experiencia física diaria, descubrirás las conexiones. Comenzarás a despertar; acallarás tu ego y escucharás. Sintonizarás con tu *Fuente*, tu auténtico *Yo*. ¿Recuerdas? Aquel que *juega*...

Sentí nuevamente aquella mirada en mi alma. Y dijo:

—Enrique, lo único que te separa de tu descapotable negro es tu incredulidad que, curiosamente, en los evangelios se subraya como desconfianza, falta de fe u obstinación a no creer.

—Me he perdido, Luis —dije— ¿en qué debo creer?

—En el fondo no se trata de *en qué* debes creer, sino *en cómo* creer —replicó Luis—. ¿Recuerdas nuestra primera conversación? Comentamos cómo en español es significativo la concordancia entre dos verbos: creer y crear.

Construyes cuando los utilizas en primera persona del presente; lo cual haces muy a menudo...

En cualquier conversación lo escucharás: Yo creo, tal cree... Por ejemplo: (yo) creo que lloverá, o (yo) creo que me elegirán, o (yo) creo que me puede tocar la lotería...

—Sigo sin entenderte... —contesté francamente—.

—Te explico. Al igual que utilizas el verbo creer para definir o identificar tu pensamiento sobre determinada cuestión, de igual forma se podría decir que estás utilizando el segundo de ellos: el verbo crear (construir) cada vez que indicas aquello que piensas con el *yo creo*.

Por esta razón es de suma importancia permanecer atento a aquello que dices creer... porque en general te expresas de forma negativa. Simplemente obsérvate hablando o escuchando a otros cuando utilicen este verbo.

Lo que pretendo transmitirte es que tu manera de hablar manifiesta tu pensamiento y que dicho pensamiento está en relación directa con aquello que te sucede; puesto que *cuando crees, creas.*

Es fundamental, por tanto, crear en positivo, o dicho de otra manera: pensar siempre en aquello que te haga sentir bien. Y por supuesto controlar tu lenguaje como medio principal de comunicación.

—¿Prestar atención a la forma en que me expreso?

—No solo eso, la mayoría expresan deseos como: ojalá me toque la lotería, me gustaría tener una casa con piscina, quisiera tener trabajo, me gustaría tener un deportivo, estar más delgado, gozar de más salud... sin darse cuenta que expresan deseo en un mundo irreal, en términos de probabilidades... en consecuencia sujeto a indefinición y contradicción.

¡En esos términos no se trata de en *qué creer*, sino en cómo expresar el pensamiento que quieres crear!

Para ello, amigo mío, debes empezar por reeducar ambas, tu manera de pensar y tu manera de hablar...

Recuerda, creas con tu pensamiento el entorno que te rodea.

En consecuencia se mucho más conciso en la manera de exponerlo, para que tu creación se realice conforme a tu deseo y no conforme a múltiples posibilidades y variantes del mismo...

... Como el caso de *ver tu XR descapotable*, pero detrás de un cristal.

Algunos utilizan el poder de, por ejemplo, escribir una lista.

—¿Como la lista que tenías en la agenda?

—Justamente un buen medio es escribir o narrar —asintió—, no lo que te gustaría o querrías, sino lo indicativo, detallado e imperativo de aquello que deseas: ¡Yo tengo un descapotable de color negro, marca Jaguar, modelo XR con un motor V8, tapizado en piel de carbono con el salpicadero en aluminio oscurecido, sus asientos ajustables hacen que me apoye de forma excepcional en las curvas, haciendo de mi conducción una experiencia gratificante, increíble y apasionante...!

—Pero —en seguida protesté—, ¡yo no tengo un Jaguar de ningún tipo!

—¡Claro que lo tienes!, solo que no te has permitido en esta experiencia consciente disfrutar de él: el segundo paso.

Sonrió y continuó diciendo:

—Poco a poco... Al principio es absolutamente normal que reacciones así, teniendo en cuenta que te expresas desde tu ego, tu plano material; el Enrique que tiene en su cabeza pululando todos los acontecimientos aprendidos desde que sus padres le comenzaron a indicar lo que sí se podía hacer, ser o tener y lo que no; el Enrique que en la actualidad lucha por mantener su casa y pagar la hipoteca, encontrar nuevas fuentes de ingreso para llegar a final de mes sin ser devorado por las facturas; el Enrique que se encuentra inseguro en su relación; el Enrique que se preocupa por su estado físico; el que tiene que llamar al fontanero para arreglar de una vez por todas el goteo de la cisterna del baño... ¿Continúo? — preguntó.

—¡No, no! ¡Me identifico bastante con *ese* Enrique! — contesté riendo.

—Te propongo que comiences de otra manera más fácil, declarando tus deseos en proceso continuo y presente. Por ejemplo, diciendo o escribiendo cosas como: "estoy en proceso de tener un deportivo Jaguar XR negro...o tal otra cosa, situación o estado..."

Es una forma de no condicionarte por los hábitos de pensamientos adquiridos, *engañando* a tu propio ego... Contra él no puedes luchar...

Si te das cuenta, aceptas claramente de mejor forma este tipo de afirmación que aquella en la que impera *yo tengo*. Es solo cuestión de resistencia mental que puedas pasar de una situación a otra de pensamientos. Es más, te encontrarás, en muchos casos, que tu ego te bombardeará con pensamientos defensivos, incluso con postulaciones como: ¿Qué ocurrirá si me lo rayan en la calle?, ¿tendré que guardarlo, siempre en el garaje?, ¿consumirá mucho combustible?...

Tuve que sonreír.

—Tienes razón —dije.

Según fue describiendo el coche no pude evitar tener algunos pensamientos negativos o de preocupación respecto a él.

—¡Es increíble, aun deseando la experiencia, mi propia mente me boicotea!

—Así es —dijo Luis— estás conociendo a tu ego, ¡salúdalo! ¿Entiendes por qué la mayoría de los mortales no materializan sus pensamientos al instante?... Sirve también como modo de regulación...

En definitiva eres un Ser inmaterial viviendo una experiencia material. En eso consiste el juego, en ese equilibrio... cuanto más piensas algo, más lo conviertes en una creencia y cuanto más repetitivo lo hagas, más lo atraerás a su manifestación material. La mayoría de lo que aceptas diariamente no es, sino la consecuencia de tu afirmación inconsciente de ello: el suelo que pisas, tu casa, esta mesa... —de nuevo la golpeé con los nudillos— "tok, tok", sonó. Y todo —continuó diciendo—, todo es la manifestación del pensamiento de alguien y la aceptación consensuada de éste por el resto de seres...

Cada vez que se pretende construir un edificio, o cualquier otro objeto, primero se imagina, luego se proyecta, se dibuja y finalmente se materializa; ¡pero primero es pensado...!

De igual forma esta mesa fue ideada en la mente de algún diseñador antes de convertirse en un objeto físico, cuantificable.

—¿Hay caminos para evitar la resistencia y contradicciones en tu mente? —pregunté mientras palpaba la mesa de PVC reforzado sobre la que se apoyaba mi vaso.

—Por supuesto.

—Y lo que es más aún, ¿funcionan realmente? ¿Qué ocurrió con aquella lista de deseos? ¿Se han cumplido?

—Indudablemente existen caminos que te proporcionan los conceptos y los criterios necesarios para ser el creador consciente de tu experiencia. Tan solo se necesita un poco de disciplina y hábito… Y sí, no solo funciona, de hecho constituye la base de tu vida.

—¿De mi vida? Cuéntame, por favor.

OCHO
La Magia de Crear

Desde pequeño intuí en mi experiencia que existía una conexión entre lo que pensaba y lo que acontecía alrededor. Sin embargo no sabía darle forma ni comprensión.

Según crecí, fui atando cabos, encontrando más y más pruebas sobre la evidencia de la materialización de mis deseos. Los más básicos que recuerdo eran simples, tuvieron que ver con la obtención de sencillas canciones...

—¡Caramba!, me resulta familiar...

—La única música accesible para mí —continuó hablando— era la que escuchaba en los programas de radio. Tan solo existían los radio-cassetes y en casa no había tocadiscos por lo que tener una cinta o cassete era casi imposible para un niño. Así cuando escuchaba una canción en la radio de casa o en el coche de mi padre y me gustaba el tema, no era como ahora que accedes simplemente a una base de datos en Internet o vas a unos grandes almacenes y compras el CD del grupo que quieras... en aquella época para mí era puramente azar escuchar o mejor dicho, coincidir con la canción que me había gustado y, sin embargo, ocurría...

—¿Qué ocurría exactamente?

—Que aquella canción que me gustaba mucho sonaba en determinadas ocasiones de manera inverosímil... al entrar en una tienda, al subir a un taxi, por el patio de vecinos, justo al encender la radio de casa o al cambiar de emisora.... y la atracción se volvía cada vez más intensa y poderosa hasta que *mágicamente* llegaba a ser *realidad*: me regalaban una cinta de música y la canción estaba contenida en su directorio de éxitos o el padre de un amigo tenía, *casualmente*, el disco y me lo grababa en una cinta virgen...

—Pero podría ser efectivamente algo casual, un tema de probabilidades —intervine de nuevo.

—Podría ser, pero fueron acumulándose las supuestas *casualidades* hasta que entendí que respondían a un principio muy claro de causa y efecto vinculado a la atención que dirigía hacia mi entorno mediante mi pensamiento.

No se trataba de procesos fortuitos sino *causales.*

Así mismo fui recibiendo información y aprendiendo de otros hasta que comprendí y experimenté la *creación consciente...*

—¡Vaya! Suena bien... ¿En qué consiste?

—Como ya te comenté, intuía la conexión entre lo que nos rodea y nuestra percepción de ella pero desconocía los mecanismos que actuaban para conseguir determinados deseos y otros no. Gradualmente fui más consciente del proceso o relación directa que se establecía entre lo que acontecía y el grado de saturación del pensamiento que respecto a ello había tenido... ¡Consiste, Enrique, en atraer deliberadamente tu objeto de deseo!

¿Recuerdas algo que te sucediera en tu vida y fuera un anhelo o deseo? —prosiguió.

—Bueno, ahora que lo mencionas... Cuando estaba a punto de terminar el bachillerato, antes de hacer el curso de acceso a la universidad, ambicionaba y soñaba con viajar a los Estados Unidos. En los años ochenta me atraía el modelo de vida que parecía vivirse allí... Supongo que influenciado por las series que emitían en TV o las películas que proyectaban en el cine.

En concreto me entusiasmaba la imagen que se ofrecía de la vida en Nueva York en la exitosa serie de televisión Fama...

Por aquel entonces, *casualmente*, una conocida marca de chicles sorteaba un viaje para dos personas a la ciudad de los rascacielos con todos los gastos pagados. Llegué a reunir y llenar todo un cajón con sus envolturas de color rosa así como convertirme en un consumado experto en hacer bolas con ellos.

Un día me decidí a enviarlas para participar en el concurso, tenía más de cien... pero ¡cual fue mi sorpresa al leer la letra pequeña! ¡Descubrí que estaba limitado a mayores de 18 años y que además había expirado el tiempo de validez!

Sin embargo, continué pensando cada día en conocer Nueva York.

Por aquel entonces solía acudir a la playa de Las Canteras con un amigo cuyo hermano había sido estudiante de un programa de intercambio; el cual me contó su experiencia viviendo en Savannah, Georgia. Con su conocimiento mi imaginación voló, soñando vivir en Norteamérica.

Por extraño que parezca no decaí en mi empeño. Algo me decía que estaba escrito, que de una manera u otra ocurriría... y finalmente así fue. Cuando terminé el último curso de bachiller, de forma inverosímil, ¡todo se conjugó para permitirme estudiar el curso de orientación universitaria en Estados Unidos!

Luis permanecía callado, escuchando…

—Un amigo me comunicó que sus padres habían decidido enviarle a estudiar a través de una agencia de viajes. Se lo comenté a mi madre y una tarde, estando de compras por la zona, decidió entrar conmigo en aquella agencia para preguntar acerca del programa.

Como no le gustó el trato recibido, decidió consultarle a una amiga suya, que a su vez también dirigía otra agencia. ¡Y casi de *casualidad*, un día me encontré dentro de un avión con rumbo a los Estados Unidos!

—Cuántas *casualidades*, ¿no es cierto?

—Lo más curioso y sorprendente fue que la organización mediante la cual realizaba el viaje, me enviaba a Nueva York para permanecer dos días, con objeto de asistir a un curso protocolario impartido a los participantes llegados de todo el mundo antes de ser enviados a los Estados correspondientes, en mi caso a Alabama.

¡Para más casualidad, por motivos que desconozco, llegué a la *Gran Ciudad* antes que el resto de los alumnos que procedían de otras regiones de España, por lo que disfruté un día más allí, visitando el Soho, las Torres gemelas, el Empire State, Wall Street…!

Lo asombroso del hecho es que en total, otros tres conocidos míos, fueron también a realizar aquel curso de intercambio a América el mismo año. Todos ellos con organizaciones diferentes y, *casualmente*, la mía era la única de ellas que tenía establecida la visita y estancia en Nueva York, justo el lugar de visita del famoso concurso con el que estuve soñando. ¡¡¡ Fue increíble!!!

—¿Te das cuenta? —dijo Luis—. Basta con analizar tu vida tan solo un poco y descubrirás los puntos de conexión entre tus experiencias y tus pensamientos...

¡Todos somos los creadores de nuestras vidas, todos somos los arquitectos de nuestros proyectos!

...Toma como base hacer un poco de memoria, Enrique, y ya me contarás. Ahora es tiempo de irse —dijo.

Miré el reloj y saqué un billete de veinte euros de mi cartera.

—Invito yo —dije con una amable sonrisa.

No di elección.

Y mientras nos traían el cambio por lo consumido me preguntó:

—¿Te animas a correr mañana? Ha fallado mi compañero esta semana, podríamos seguir nuestra conversación mientras realizamos algo de ejercicio.

—Estupendo —contesté—, ¡quisiera que siguieras hablando sobre las preguntas que te hice!

—OK, me encantará. Quedamos en el Parque Romano a las siete.

Dejé una propina. Me despedí de la camarera y me dirigí hacía la salida.

Aquella noche y al día siguiente no paré de vincular recuerdos de mi pasado con mis intenciones o deseos. Simplemente, aluciné. Todo encajaba.

Empecé a recordar acontecimientos y mi conexión, en mayor o menor medida, con lo que había deseado: mi primer juego de arco y flechas de goma regalado por mi padrino cuando tenía cinco años… El día que la chica que me gustaba del curso mayor, me sorprendió al volver de natación tapándome los ojos desde atrás y preguntándome: ¿quién soy?... Aquel incidente con aquellos gamberros que pretendieron robarme a la salida del cine… La escuela de taekwondo y mi afición a las películas de Kung-Fu… Mi primer monopatín… La pintoresca casa de madera con el tejado a dos aguas de Alabama…El regalo de mi primer arco de verdad realizado por mi vecino... Mi primera novia… Mi primer trabajo… ¡Todo lo había soñado primero!

NUEVE
En el Parque Romano

Al día siguiente, puntual como un reloj, estaba en el parque haciendo ejercicios de calentamiento.

El parque está situado en pleno corazón de la ciudad, muchas personas de todas las edades van allí a realizar ejercicio y a aquella hora se encontraba muy concurrido.

Hacía tiempo que no corría habitualmente, el deporte se había convertido en algo esporádico. Sin embargo, me pareció una buena oportunidad para conocer más sobre la perspectiva de Luis acerca de la *realidad* y, de paso, cuidar mi salud.

El circuito consta de un kilómetro de recorrido sobre tierra fina, rodeado por palmeras y magníficos framboyanes con coloridas flores rojo-anaranjadas y follaje verde brillante. *Curiosamente* mi árbol preferido…

Luis propuso que corriéramos dos vueltas al circuito y cuatro más por el muelle deportivo, situado al otro lado de la Avenida Marítima, para finalizar con otras dos al parque, a un ritmo suave.

Me tranquilizó.

Empecé a correr y le comenté algunas relaciones *causales* que establecí recordando cuando era pequeño…

—¿Ves? —Respondió a mis observaciones—. ¿Recuerdas la pregunta que me hiciste el otro día?

—¿La de si funcionan los mecanismos para evitar emitir resistencia o canalizar mi pensamiento en concordancia con mis deseos?

—¡Exacto! A ti y a todo el mundo le ocurre igual.

Todos podemos recordar algún paraje de nuestra vida que fuera deseado, inalcanzable en un momento dado y cumplido en otro… Generalmente, cuando menos lo esperas, cuando más distraído estás respecto a él, cuanto menos lo persigues… simplemente, aparece… tal y como te sucedió en tu viaje a América…

Es debido a que liberas el mecanismo de contradicciones, dudas o temores: *Permites*.

Es decir, el segundo paso que te mencioné del proceso...

Por ejemplo, Enrique, un año antes de perder la agenda realicé un viaje a Perú junto a un amigo.

Desde que conocí la historia de las famosas Pistas de Nazca en Perú, ampliamente divulgada por los estudios desarrollados por la alemana María Reiche, sobrevolando el desierto entre la población de Nazca y Palpa, ¡soñé con contemplarlas!

Sobre una superficie de más de quinientos kilómetros cuadrados, se extiende una gigantesca red de líneas rectas trazadas en el duro y seco desierto, alcanzando algunas hasta diez quilómetros de longitud. Entre ellas, aparecen dibujos representando enigmáticos animales, seres o plantas...

De igual modo que la *Doctora*, como llamaban a la señora Reiche, con mi imaginación volé en avioneta cientos de veces divisando dichas representaciones desde el aire, así como también volé en la búsqueda de conocimientos sobre el legendario Machu Pichu, cerca de Cuzco.

No obstante poco a poco, a medida que me hacía mayor y adquiría más responsabilidades, se fue distanciando la posibilidad consciente de realizar ese viaje. Hasta que, al igual que te sucedió a ti, *las casualidades* se conjugaron…

¡De hecho, fue increíble experimentar cómo todo *cuadró*!

De nuevo, como por arte de magia, todas las condiciones se materializaron para cumplir el sueño…

Tan solo cuatro días antes de que José partiera en solitario en un viaje hacia Perú por catorce días, coincidimos a primera hora de la mañana cerca de mi casa cuando regresaba junto a mi mujer tras dejar a los niños en el colegio.

Nunca antes había coincido con él por allí, sin embargo, aquella mañana el *aparente* azar quiso que nos tropezáramos.

Al saludarnos entablamos conversación, comentándome que en breve se marcharía a Perú…

Mis ojos se iluminaron escuchándole decir que partía en un viaje que le llevaría por los lugares más conocidos del país andino, contando con el apoyo de una familia de Lima y un itinerario trazado por una agencia de viajes de la capital.

Mi mujer me animó: ¿por qué no vas con él? Te podría prestar el dinero que he cobrado de la indemnización y encontrar un vuelo en oferta.

Dicho y hecho, en una mañana lo organicé todo para irme, y a los tres días estaba en un avión con destino a Lima.

Al llegar, tuvimos que alquilar un transporte para ir desde la Capital hasta Nazca. Recorrimos, casi cinco horas en cada trayecto, montamos en avioneta y sobrevolamos el desierto contemplando las fantásticas líneas y los dibujos: la figura de la araña, el mono, la ballena, el cosmonauta y cientos de líneas grabadas en la superficie del desierto desde hace milenios, solo observables desde el aire... Mi amigo no había barajado la idea de ir a Nazca, convirtiéndose en una aventura improvisada. Y aunque terminé mareado por las maniobras del pequeño avión, ¡cumplí mi sueño! Mis pensamientos cobraron forma...

Si me hubieran preguntado cuatro días antes hubiera apostado que en aquellas *circunstancias* era literalmente imposible...

¿Comprendes? ¿Te das cuenta cómo funciona el Universo *creativo*?

—Cómo permitir que mis deseos se materialicen...

—Sí. Cuando hay ausencia de contradicción, de miedo, el deseo se hace puro; conectas con tu fuente y permites...

Exactamente como ocurrió con el proyecto de la reforma de un local comercial que había presupuestado unas semanas antes de partir, cuyo promotor era una importante firma del mundo de la moda.

—¿Qué sucedió?

—Enrique, dependía de aquel trabajo para hacer frente a los gastos del siguiente trimestre. La falta de ingresos me tenía profundamente preocupado y la mente me bombardeaba con la muy humana inquietud.

—¡Uf! Entiendo perfectamente esa situación...

—El tiempo pasaba y desde la firma no me respondían si aceptaban o no el presupuesto elaborado, por lo que, según transcurrían los días, más me invadían pensamientos negativos acerca de la situación: que si les había parecido muy caro, que si cogerían a otro, que cómo afrontaría los gastos... Puro ego. De hecho, viajé a Perú sin conocer si el Estudio conseguiría financiación para el siguiente periodo...

Sin embargo, el natural impacto de la visita a otro país, a un continente ajeno y con una cultura diferente, provocan la distracción de la mente, del ego... De tal forma que durante tres días dejé de emitir pensamientos contradictorios, puesto que me centraba en otras observaciones... me olvidé del asunto...

Un día, de vuelta al hotel, decidí comprobar mi cuenta de correo electrónico.

Había olvidado conscientemente la situación económica del Estudio y aquel presupuesto...

—No me lo digas...

—¡Para mi sorpresa me habían enviado un mensaje comunicándome que el mismo, había sido aceptado...!

—Es decir, Enrique, ¡en el instante que dejas de mostrar preocupación y resistencia, tu energía creadora es capaz de canalizar la materialización de tus deseos: logras permitir el acontecimiento deseado!

—¿Cuando menos piensas en algo, más facilitas su creación? —pregunté mientras empezábamos el paseo principal de atraque al muelle.

—No exactamente —contestó—, lo que debes comprender es que la clave para permitir tu creación está en la forma en la que piensas, en el verdadero sentimiento que emites. Es decir, el tipo de emoción que lleva aparejado tu pensamiento. Si es de escasez, de temor o de duda...será negativo, no estarás permitiendo el proceso de recibir tu deseo porque tu energía creadora se enfoca hacia aquello que transmites.

En cambio, si tu emoción es de tranquilidad, seguridad, confianza y felicidad atraerás más de lo mismo y lograrás alcanzar con mayor rapidez tus deseos. Te permitirás recibirlos.

Desafortunadamente, la práctica asumida es más de temor que de confianza, por lo que en términos prácticos, cuando te distraes de tu foco de deseo, descentrándote con lo que sea que hagas o pienses, abres también la puerta a la manifestación de la emoción y deseo emitido, aun siendo negativo.

Por ejemplo, a veces ocurre que alguien conocido deja de llamarte o un buen día pierdes el contacto con una persona sin saber por qué, comenzando el ego a cavilar posibles razones, buscando o argumentando motivos generalmente negativos: ¿he hecho algo malo?, ¿le he ofendido?, ¿alguien le habrá comentado algo extraño?...

—Sí, reconozco que me ha sucedido.

—Te obsesionas con que te vuelva a llamar y nada ocurre... hasta que un día, cuando ya no lo tienes en mente, se produce la llamada o te encuentras con esa persona por *casualidad*, descubriendo que no había sucedido nada extraño o malo. ¡Simplemente, tus pensamientos comenzaron a justificar posibles acciones negativas obstruyendo la naturaleza sencilla y pura de seguir tu relación con ella, impidiendo el reencuentro de forma armónica y feliz!

La desconfianza genera creación negativa y hasta que no distraes a tu verdadero ego de esa situación no lograrás un resultado positivo. Por lo tanto, un método eficaz es distraer tu atención hacia otros aspectos positivos que puedas pensar de tu vida, porque cualquier fijación en la situación no deseada será una prolongación más de la misma, y por consiguiente, foco de atracción de acontecimientos negativos.

—Pero, Luis —dije mientras esquivaba un charco con un ligero salto—, ¿dónde encajan en tus teorías los acontecimientos no deseados?

—¿Te refieres a la actual crisis económica?, ¿los miles de parados?, ¿las amenazas de embargo?, ¿la pérdida de un ser querido?, ¿la noticia de una enfermedad? —replicó parándose al llegar al faro situado al final del muelle.

—¡Ajá, efectivamente, a eso me refiero!

—Es la eterna pregunta, Enrique... y, ¿sabes una cosa?: no existe ninguna pregunta que puedas hacer y no se te haya concedido la *capacidad* de poder responderla tú mismo...

Levanté la mirada hacia el horizonte. Me fijé en el Independence of the Seas, un crucero que entraba mansamente en el puerto en ese momento.

Luis dijo:

—Te emplazo a que en nuestro próximo encuentro me digas si has encontrado la respuesta.

Continué el recorrido en silencio, hasta volver al punto de partida en el parque, sumido en mis propios pensamientos. Disfruté del atardecer lento del verano, de correr junto al mar y de respirar el aire *ensalitrado*, de la estética de los yates atracados, su evocación al viaje, a los lugares exóticos que recorren en libertad, de las gaviotas y los foráneos que entre aparejos conversaban plácidamente...

De vuelta, ya casi de noche, me limité a estirar los músculos.

—He de ir al sur de la isla pasado mañana, a presentar un informe —dije—. ¿Quieres acompañarme? Así podremos hablar durante el camino y aprovechar si hace buen tiempo para darnos un baño en alguna playa.

—No tengo nada importante que hacer, así que acepto — contestó.

DIEZ
Blancanieves

Dos días después me encontré de nuevo con Luis de camino a San Bartolomé de Tirajana, una de las zonas más turísticas de la isla de Gran Canaria, llena de establecimientos hoteleros y turistas que llegan desde toda Europa cada día en busca del excelente clima y las magníficas playas que se extienden por todo su litoral.

Continuamos nuestra conversación según disfrutábamos del trayecto. La empatía era, valga la redundancia, recíproca…

—¿Recuerdas la última pregunta que te hice en el parque? — Dije.

—¿Sobre las desgracias de la vida? —contestó.

— Sí.

—¿Ya tienes la respuesta?

—No estoy seguro del todo, pero al respecto ha ocurrido un hecho significativo que me ha dado que pensar, Luis. Casualmente...

—¡*Causalmente!* —me corrigió riendo—.

—Bueno, *causalmente* ayer por la tarde, estando en casa, después de cenar, me senté a ver la televisión.

En un canal comenzó una película llamada Rango, acerca de un camaleón... una película infantil pero con un humor muy de adultos podría decir.

—¿Ah, sí? —preguntó Luis con cierto tono burlón—. Cuéntame, ¿qué te sorprendió?

—Verás, llevaba todo el día pensando en la pregunta que te hice, buscando explicación para entender, si cabe, por qué ocurren hechos indeseados o desgracias. Como tantas personas sin trabajo, con problemas familiares, sufriendo penurias a causa de guerras o hambre... cuando mi atención se distrajo y conecté con la película. Su inicio es un poco desconcertante; el camaleón, de nombre Rango, sin saberlo el espectador, está interpretando una especie de escena a modo de actor y director de una obra de teatro, en la cual organiza el decorado y al resto de actores, que resultan ser un busto de muñeca, una cucaracha muerta y un pez de plástico a los que él trata como si formaran parte activa y real de la escenificación que representa.

El espectador no entiende, en absoluto, el contexto ni la situación. Así empieza la película. No hay modo de comprender la trama puesto que apenas se ha desarrollado.

Bien, en un momento dado el protagonista, o sea Rango, dice algo así como: "el escenario espera, el público está sediento de aventuras… ¿Quién soy? podría ser cualquiera, un corsario, un cazador o un gran seductor…"

—"Actuar es reaccionar" —menciona curiosamente.

—"Actuar es reaccionar", repite dirigiéndose a la muñeca descabezada, y se pregunta a sí mismo de nuevo: "¿quién soy?... ¿Mi personaje no está bien construido?" Y de repente exclama:

"¡Conflicto! ¡He tenido una revelación! ¡El héroe no pude existir en el vacío! Esta historia necesita un hecho irónico e inesperado que conduzca al héroe hasta el conflicto."

Y en ese instante —relataba a Luis mientras conducía, atento a la carretera—, ¡todo saltó en pedazos!

Entonces, el espectador empieza a comprender la situación: Rango, la iguana, estaba en un terrario o pecera, junto a sus supuestos *compañeros de reparto* en la parte posterior de un coche en movimiento que, al pisar a un armadillo en la carretera, salta del mismo, expulsando a Rango y a todo su contenido fuera de él, cayendo aparatosamente en el exterior.

Cuando se recupera, el coche ya se ha alejado, encontrándose en medio de un desierto por el que cruza la carretera.

En aquel momento descubre la causa del accidente al ver al armadillo aplastado por la rueda del coche… Quien sabiamente le mira y dice: "Iluminación, sin ella no somos nada. El camino del conocimiento está plagado de consecuencias…"

Y a partir de ahí todo son vicisitudes…

¡De repente, *algo* se encendió en mi interior y un escalofrío recorrió mi cuerpo tensando toda mi piel!

—¿Sabes? —me interrumpió Luis—, hay quién dice que esa es la señal de que conectas con tu *Ser Superior*… El cuerpo incapaz de asumir la emoción, la traduce en un escalofrío. A mí me pasa continuamente…

—¡Claro, Luis! ¡De repente entendí la conexión con las preguntas a las que intentaba dar respuesta! Como si ese *algo*…

—El *Universo*, lo llamo yo —interrumpió.

—¡Eso! —contesté.

Como si el *Universo* me hubiera proporcionado la respuesta atrayendo hacia mí la película aquella tarde, cuando inconscientemente me senté e hice zapping entre los canales del televisor… ¡Es tan asombroso, que ahora mismo me recorre esa sensación de escalofrío solo de pensarlo!

¡Es exactamente lo mismo! —seguí hablando. Como si *algo o alguien*, o cómo tú dices, el *Universo*, me comunicara la respuesta a mi petición…

Recordé tu expresión acerca de que la vida es el mayor de los teatros, Luis. Justamente, de igual forma, el *Universo* me expuso la similitud proyectando una película que jamás había visto antes, en la cual, el camaleón protagonista para mantenerse *entretenido* en su jaula-terrario, donde dispone de seguridad y comodidad, necesita recrear y escenificar otras sensaciones, otras vivencias, otras emociones descubriendo que su historia…

—Cualquier historia… —Matizó.

—¡Carece de verdadera emoción sin conflicto!, ¡dando respuesta a mi pregunta!

Y todo parece estar conectado, Luis… —continué hablando entusiasmadamente.

¡Es un símil perfecto!... Como un mensaje, diciendo: escucha, abre los ojos, si prestas atención a lo que te rodea, descubrirás que todo está conectado, ¡que todo es consecuencia de algo! Y que todo es circunstancial a nuestra observación. Luis, al igual que tu alegoría de los "clicks". ¡Exactamente igual! ¡Solo que además, contestando a mi inquietud...!

En cualquier obra de teatro necesitamos de lo inesperado para generar emoción en la trama; de otro modo, la linealidad de la misma acabaría resultando monótona y ¡carente de interés! ¡Era la única forma de que Rango pudiera representar su papel!:

¡Que surgiera un conflicto que provocara hechos inesperados capaces de proveer de nuevas emociones a su vida!

¡A raíz de ahí se desarrollan sus aventuras en el filme!

—Hay quién los denomina contrastes en lugar de conflictos — dijo Luis, mientras nos adelantaba un camión.

Es decir, nunca somos más conscientes de lo que deseamos, hasta que percibimos la ausencia de ello...

Lo cual representa las dos caras de una misma moneda:

La vida.

Lo alto, Enrique, no puede existir sin lo bajo, ni lo bueno sin lo malo, ni lo bonito sin lo feo...

Es parte indispensable del pacto creativo, es la única forma de mantener el equilibrio: mediante el contraste.

Recuerda que fueron los propios Adán y Eva quienes comieron del árbol del bien y del mal... dando lugar a la experiencia del Ser en este plano material; donde gracias a los contrastes o posibles conflictos que ofrece el entorno, y todos contribuimos a *crear* dicho entorno con cada pensamiento que aportamos, la experiencia se convierte en más atractiva y enriquecedora...

Tanto es así que, en nuestro libre albedrío, el alma permite que olvidemos el origen de los contrastes a los que nos vemos expuestos para intensificar la vivencia, la experiencia.

Es ahí donde el ego, tu mente racional, ensombrece al alma.

Solo en este estado físico, por supuesto; porque tu *Ser Interior y Superior* tiene la auténtica perspectiva del juego.

Ahora bien, Enrique, no todo el mundo lo entenderá...

—¿Qué quieres decir? —pregunté.

—Pongamos algo vinculado a tu símil:

El alma, conocedora de las circunstancias del mundo físico, establece pautas, caminos y pistas, como elementos recordatorios de su auténtica naturaleza...

Esas pautas se han transmitido de generación en generación mediante símbolos, leyendas, juegos, canciones, cuentos... manteniendo viva su función intrínseca: dialogar con el alma al margen de la intromisión del *ego*.

Son arquetipos que incluso en nuestra era moderna siguen existiendo entre nosotros, conservando su mensaje: Eres un Ser infinito.

Así que lo expondré igual que tú: antiguamente no existían películas como la de Rango para transmitir mensajes o emociones. Estas se representaban en actuaciones o eran narradas, mediante historias, de mayores a niños; como los cuentos que a ti también te contaban tus padres...

—No entiendo a dónde quieres llegar —dije.

—El simbolismo de estos subyace en la historia que es transmitida, conectando con nuestra alma como te comenté antes.

—¿Los cuentos? Pero, ¿de qué modo Blancanieves y los siete enanitos dialogan con el alma? —exclamé con incredulidad mencionando el primer cuento que me vino a la cabeza.

—Justamente en la filosofía de los cuentos de hadas se encuentran las respuestas a las preguntas sobre nuestra existencia en este plano terrenal y, ¿qué mejor forma de garantizar su permanencia a través de los tiempos, que mediante cuentos?

Enrique, analiza cualquier cuento para niños: Blancanieves, La Cenicienta, La Bella Durmiente, Pinocho... ¡Te
quedarás asombrado del simbolismo que esconden!

—Sigo sin entender —volví a decir—.

—¡Es fascinante! —replicó Luis—. ¡Te hubiese gustado
hacer una tesis doctoral sobre ellos!

En su gran mayoría representan el viaje del alma en su
proceso de materialización y la vuelta a su origen... De ese
modo, por ejemplo, la princesa Blancanieves encarna el alma
la cual en su experiencia terrenal, según se desarrolla, es con-
frontada por el *ego*, que sintiéndose amenazado por su *belleza*
innata intenta eliminarla, puesto que su objetivo primordial es
la supervivencia...

Así pues, todas las malvadas madrastras, generalmente,
encarnan el papel del *ego*, de lo material y sensitivo de la
experiencia de la vida frente al alma que es, interpretada por
las princesa en sus distintos estados. En el caso de Blancanieves, se manifiesta la simbología al más alto nivel, utilizando el
7 como número mágico que representa los valores espiritua-
les...

En Cábala, el número 7, constituye el triunfo, el principio de causa final: la luz. Siendo un dígito que relaciona lo

divino con lo humano, reconociéndose por casi todas las culturas como un número mágico.

¡Por eso, Blancanieves es el icono de la representación del proceso del alma al encarnarse para experimentar la vida física o sensorial…!

La bruja pregunta al espejo 7 veces a lo largo del cuento, quién es la más bella, 7 son los enanitos que viven en una casita en el bosque con sus siete platitos y 7 vasitos, 7 altas montañas y, también Blancanieves tiene 7 años cuando encuentra la casita… representando la inocencia y la pureza liberadas, siendo "lo más bello del reino", pues a esa edad los niños alcanzan el punto de separación entre la *inocencia* de la niñez y su vínculo con el estado astral, comenzando su desarrollo en el mundo material y cognitivo. ¡Es un estado álgido en la evolución del Ser! Y los hermanos Grimm se cuidaron mucho de plasmar la simbología necesaria para que el relato siempre guardara la esencia del mensaje que lleva: *Somos seres infinitos.*

Sin darme cuenta llegamos a los juzgados de San Bartolomé donde tuve que entregar un informe. Repasé todos los cuentos que conocía, ya que mi cabeza se quedó cautivada por la conversación que mantenía con Luis. Nada más volver al coche le abordé de nuevo con la fascinante historia de Blancanieves.

—Luis —dije—, he estado dándole vueltas... Curiosamente la madre de Blancanieves muere al nacer ella.

—Efectivamente, representa el viaje de encarnación del alma ocupando su lugar...

—¡Ahora lo entiendo! Su madrastra —le interrumpí—, la bruja, no es más que la manifestación del ego en cada ser humano, ¡cuyo objetivo no es otro que la supervivencia basada en el miedo, la vanidad, el egoísmo y la envidia reflejada en su obsesión por ser la más bella del reino! Es decir, ¡identificada plenamente con el mundo material!

—...Así la engaña y la hace caer en un profundo sueño... —añadió disfrutando con mi observación.

—Casualmente comiendo una manzana...

—¡Eureka! —Exclamó Luis—. ¡Representa el letargo en el que la mayoría se ven sometidos!

El alma de cada Ser permanece dormida tras su ego. Es decir, el "click" que te mencioné en nuestra primera charla acaba desvinculándose de su verdadera esencia divina, o sea del propio jugador, creyéndose un *muñeco físico* sujeto a la realidad física que le rodea y por tanto a sus limitaciones...

—Hasta que sea despertada —le interrumpí—, de su mágico sueño por un príncipe azul que ¿representaaaa...? —dije, alargando la pregunta a Luis.

—¡Que representa las emociones, Enrique! Pues en ellas residen las llaves para despertar al alma. ¡Solo un beso de amor verdadero la puede despertar, solo un acontecimiento inesperado que sobresalte o sacuda al alma a pesar del ego!

—Igual que Rango, ¿no es así?

—Así es, lo cual significa que todo está ahí... delante de ti, pero no lo ves porque estás demasiado sumido en tus temores...

Dirigí el coche hasta el paseo, por encima de las dunas y estacioné allí.

—¡Ponte el bañador Enrique, nos vamos a dar un chapuzón!

ONCE
Una partida al Parchís

Hacía un magnífico día y con la apasionante conversación no había recabado en el impresionante cielo azul.

Se podía contemplar el interior de la isla, absolutamente nítida y limpia de nubes; un día fabuloso. Así que no me lo pensé dos veces, me cambié allí mismo tras el coche y, en un abrir y cerrar de ojos, estaba atravesando las fantásticas dunas de la playa de Maspalomas como Tuareg en un desierto amarillo dirigiéndome hacia el mar. Luis no paraba de sorprenderme; era un día laboral, el mundo en crisis y, sin embargo, ¡corría hacia el agua!

—¡Vamos, está buenísima! —Grité—. *Cogí* una ola y su *tubo*. Luis me enseñó su *on shore tubing*, como lo llamaba él...

Un instante, una décima de segundo sintiendo la naturaleza en movimiento, congelado en su propia *eternidad*.

Aquella situación me recordó a la película Ciudad de Ángeles, en la que Nicolas Cage hace lo mismo cuando se encarna... ¡disfrutar con sus emociones: sintiendo!

Jugué alegremente con las olas haciendo surf con mi cuerpo y una enorme sonrisa se dibujó en mi cara.

Un rato más tarde, sentados en la orilla viendo pasar a los turistas que caminaban de un lado a otro, contemplando el horizonte y sintiendo la suave brisa del mar en la cara percibí, entre la gente que paseaba por delante de nosotros, a un chico disminuido con sus padres y, sin decir nada, Luis pareció leer mi pensamiento comentando:

—Entiende, Enrique, que no todo el mundo comprenderá tu forma de exponer las cosas si las plasmas por escrito algún día... Asimila que puede ser incomprensible para un padre el dolor de su hijo ya que, ciertamente, puede ser así desde una perspectiva espacio-temporal, al igual que el resto de vicisitudes a las que puedes verte sometido...

— ¿Incluida mi situación sin trabajo?... —dije.

—¿Tienes prisa? —me preguntó Luis sin responder a mi pregunta, mientras veía cómo se alejaba aquella familia.

— No —respondí—, nada me espera.

—Quiero enseñarte algo.

—¿Algo, dónde? —pregunté.

—Ven y lo verás.

Nos metimos de nuevo en el coche y conduje en dirección al interior de la isla, siguiendo sus instrucciones, comenzando a subir por las carreteras sinuosas hasta que, al cabo de cuarenta minutos llegamos al Pico de las Nieves, en la cumbre de la isla; al mirador. Desde allí se divisaba gran parte de ella, observándose perfectamente la vecina isla de Tenerife, con un nivel de nubes suaves a lo lejos, casi imperceptibles.

—¡Impresionante! —dije a Luis acercándome al murete y contemplando el paisaje. Es un gran contraste.

—He querido traerte hasta aquí para cambiar *tu perspectiva,* Enrique. ¿Alcanzas a ver el lugar donde estábamos?

A lo lejos se divisaba la zona sur, donde no hace mucho nos bañábamos en las cristalinas aguas del Océano Atlántico. La vista era sorprendente.

—¿A lo lejos? —Contesté—. Veo todo muy pequeñito.

La espuma del mar, en la orilla, estaba inmóvil, parecía petrificada. El reguero de personas caminando por la orilla era casi indistinguible, minúsculas hormigas insignificantes... La Reserva Natural de las Dunas, una porción de tierra amarilla, bajo el suave descenso de las montañas. El océano, una sombra azul que se extendía en la inmensidad del horizonte.

—Intenta imaginar que puedes seguir alejándote de ello, hazte etéreo y transfórmate en un globo ascendente hacía la estratosfera, observa cómo la playa se convierte en una mancha, luego la isla en un punto, luego parte del continente cercano, luego el resto de los continentes, luego te alejas entre satélites, ves el mundo azul, una esfera... Aléjate un poco más y siente la paz del vacío, flota ingrávido en el cosmos observando la escena... la minúscula escena.

¿No te da la impresión de carecer de importancia esos graves problemas que ocupaban tu pensamiento, que requerían toda tu atención?

—Ciertamente, Luis. La tensión parece desaparecer, la preocupación no está... Es todo tan minúsculo desde *aquí arriba* que los agravios que consideramos tan importantes son ridículos...

—De esta forma, en este estado, Enrique, sitúate como jugador de una partida de parchís, por ejemplo.

—¿Parchís? —contesté sorprendido.

—¡Si, ahora lo entenderás!

¡Últimamente estoy influenciado por el juego al que mis hijos dedican horas y horas en casa! —respondió.

—¡Vale, soy el jugador rojo!

—Ja, ja, ja. Yo el azul. Recordemos las normas, ¿OK?

—OK.

—Cuatro jugadores representados por cuatro colores básicos: rojo, azul, verde y amarillo. Cada uno con cuatro fichas, ¿verdad?

—Exacto —asentí.

— Muy bien ¿cuál es el objetivo del juego?

—...Llevar tus fichas hasta su color en el centro, tras completar una vuelta entera al tablero.

—OK, ¿cómo empezamos?

—Para comenzar a jugar debemos sacar nuestras fichas obteniendo un determinado número...

—¡Cierto, el cinco! Así una vez fuera tienes que ir desplazándolas según el número de casillas que indique el número que obtengas al tirar el dado.

—¡Sí, sí! —contesté—. ¡Sé cómo jugar al parchís! — Añadí, un poco en tono jocoso.

—Durante el recorrido, ¿qué ocurre? —me pregunta de nuevo.

—Que puedes comerte las fichas de otros jugadores o puede que te coman a ti, en cuyo caso debes comenzar de nuevo con la ficha *comida*... existiendo algunas casillas que sirven como lugar seguro o refugio...

—Bien. ¿Dirías que el juego es entretenido?

—Sí, claro. Todos hemos jugado alguna vez al parchís. Recuerdo que pasábamos tardes enteras jugando en el cuarto de estar de casa.

—Al igual hacen mis hijos, Enrique. En navidades, los Reyes Magos les regalaron un tablero doble. Por un lado, representa y permite jugar al parchís, y por su reverso al juego de la Oca.

—Ah, con razón... —comenté.

—Y —prosiguió Luis— el hecho de que te *coman* una ficha, por ejemplo, ¿podrías definirlo como una tragedia?, ¿un gran problema?

—Ja, ja, ¡creo que ya sé por dónde vas Luis!

—Lo cierto es que, aparte de ser un juego de entretenimiento, la verdad es que no... Como mucho un fastidio dentro de la propia emoción de jugar... Dando incluso pie a la típica revancha para ver si eres el que puede comerse a alguien —sonreí— o simplemente, si me canso y ya no me place, ¡abandonar la partida!

—Dime —prosiguió—, ¿no te parece el tablero la imagen de un mapa visto desde arriba?, ¿y las fichas minúsculos seres?

—Podría —dije.

—Fija en tu mente uno, obsérvalo desde arriba, mira el centro, el lugar de reunión de todas las fichas... ¿lo visualizas?

—Sí.

—Un cuadrado dividido en cuatro partes, por dos diagonales...

—Y, ¿no se te parece a una pirámide vista desde arriba?

—Pues sí, Luis. Su forma coincide con esa figura geométrica.

—O sea, que jugamos a entretenernos con cuatro fichas que deben recorrer todo un camino, al azar de la suerte de un dado, debiendo obtener el número cinco para comenzar a jugar y cuyo objetivo es reunirse, todas, en una pirámide...

—Básicamente —contesté.

—¿Sabías que el cuatro es el número que representa a la materia? — Dijo Luis cambiando de tono—. ¿Sabías que cuatro son los elementos básicos en los que se consideraba ésta antiguamente? ¿Sabías que eran el agua, el fuego, la tierra y el aire? ¿Y que éstos coincidían con los colores básicos que se representan en el parchís?

—¿A dónde pretendes llegar?

—Permíteme acabar… ¿Sabías que en Cábala el cinco es el número del hombre? Representado por la unidad: Dios, que mediante la *conciencia da vida a la materia*: el número cuatro.

—Creo que no…

—¿Y no te parece curioso, Enrique?

—A ver si lo he entendido. Para empezar a jugar a este *juego*, la materia debe adquirir conciencia, ser el número cinco y recorrer un camino para llegar hasta la base de una pirámide a la cual se accede tras subir…

—¿Adivinas cuántos escalones?

—No me lo digas… ¿siete escalones?

—¡Bingo, Enrique! El número del retorno a lo divino, el mismo que Blancanieves. ¡Siete casillas para llegar a la pirámide!, o lo que es igual, ¡al artificio que representa a la montaña y que, a su vez, simboliza el encuentro con Dios: Uno con el hombre!

...Justo aquello que todas las tradiciones postulan: el descenso, el recorrido y el reencuentro representado por un juego en el que, de forma aparentemente inocente, se emplea toda una amalgama de simbología, al igual que en los cuentos ancestrales, transmitiéndonos inconscientemente un mensaje fuera del bloqueo del *ego*, distraído en el juego en sí, y directo al alma dormida y aletargada bajo el mundo de las apariencias.

...Es tal la atracción de ésta que, al sacar un seis, ¿qué ocurre, Enrique?

—¡Que vuelves a tirar, Luis!

—¿Sabes por qué?

—¿Porque así son las reglas?

—¡Porque el número seis encarna asimismo, el número de la elección, la fuerza divina y el equilibrio! ¡El hombre pasa a ser divino!

—Ah —contesté.

—¿Y si sacas otro seis?

—Vuelves a tirar...

—Pero, ¿qué ocurre si sacas un tercer seis, Enrique? ¡Que te vas a la calle, sales del juego!

—¡Caramba, qué curioso! Nunca me había parado a pensarlo, 666 el famoso número de la bestia... —perplejo dejé la ironía aparte.

—Efectivamente, ¿y no te parece increíble que las reglas indiquen tres seises para eliminar tu ficha y volver a comenzar? ¿Y que juegues a ello tan inconscientemente?

Al igual que la simbología en los cuentos, los juegos constituyen arquetipos de uso cotidiano con una fuerte carga de contenido en su interior... y, sin embargo, la mayoría no es capaz de ver...

Volvamos al objetivo por el que te traje aquí, Enrique. Tu foco o perspectiva pueden hacerte ver las cosas de diferente manera según les prestes atención...

Como Wayne Dyer bien decía: "si cambias la forma de observar las cosas, las cosas que observas cambian..."

Y si eres capaz de desprenderte de tu *ego* mínimamente, recuperando tu conexión con tu verdadera naturaleza infinita, recordarás que tú eres el jugador del juego de tu vida, y no simplemente la ficha... y que las reglas se pueden modificar siempre que quieras e incluso, si te cansas o aburres, dejarlo y comenzar otro juego u otra partida, ¡con distintas fichas, jugadores y reglas!

Voy más allá. ¿Por qué jugar a un juego preestablecido o con unos muñecos determinados?, caso de los "clicks". ¿No crees que llegaría un momento en que lo divertido sería, incluso, crear y desarrollar todo?

—Supongo —balbuceé abrumado.

—¡Proyectar y diseñar *La Vida* y sus elementos, así como sumergirte en ella!... permitiéndote a ti mismo *olvidar tu procedencia y tu auténtica naturaleza...* ¿Qué serías, pues, sino un gran creador?, ¿un gran Arquitecto de tu propio universo?... ¿No crees que, en un momento dado, querrías jugar bajo las condiciones más adversas...?

En el trayecto de vuelta nos mantuvimos en silencio un buen rato, yo no paraba de darle vueltas a las teorías de Luis.

A mi cabeza acudían situaciones concatenadas que me habían ocurrido a lo largo de la vida... enlazando unas con otras brillaban con asombrosa claridad sus correspondencias...

¡Todo estaba relacionado! ¡Todo había sido consecuencia de algo pensado o imaginado previamente!... En mayor o menor medida, con mayor o menor similitud...

Sin embargo, no lograba encajar las circunstancias desagradables, los momentos duros y las situaciones que pueden ser desesperadas y traumáticas para cualquier ser humano.

Tan absorto estaba que no me di cuenta que Luis encendía la radio del coche, y comencé a escuchar el inconfundible tintineo del inicio de una de mis canciones favoritas, *"Where the streets have no name"*, del grupo U2...

—¡Vaya! —Exclamé enseguida—, ¡me encanta esta canción!

—Por supuesto —contestó—. ¿Qué esperabas?

Sonreí y volví a dirigir mi atención a la carretera. Al cabo de un rato mientras me encontraba centrado en la autopista, en el paisaje pardo que nos rodeaba y con mis sentidos siguiendo el ritmo de la melodía, Luis comentó:

—¿Quieres que te cuente un secreto?

Su voz sonaba con absoluto sarcasmo...

Podría afirmar que se había establecido cierta complicidad entre el Arquitecto y yo disfrutando de la ironía de aquellos momentos....

—Estoy ansioso —contesté siguiendo el juego.

—Sirve para todo —dijo.

—¿Qué sirve para todo, Luis?

—Formular tus deseos de la manera adecuada...

—¡Por favor, explícate!

—Por ejemplo, la música.

—¿La música? ¿Qué quieres decir?

—Como el resto de las artes, cuando es correcta va directa al alma. ¡Por eso es tan fácil de atraer! ¿No tienes la sensación de trascender tu cuerpo cuando contemplas algo hermoso? Un cuadro, un monumento, una construcción, un poema o escuchas una agradable melodía…

Claro que sabía de qué estaba hablando. Cuando escuchaba aquel tema de U2 me transportaba a otro estado, me sentía bien, me identificaba con él.

—¿Sabes? —Continuó Luis—, cada vez que suena la banda sonora de la película *Los inmortales* es como si me trasladase a las montañas escocesas, percibo como se me eriza el vello, sintiendo el viento en la piel…

—…¡Mientras abro los brazos al cielo! —exclamé, asombrado por la coincidencia.

—…Y percibo que soy *Uno con el Universo*, ¡sencillamente me encanta! —terminó de decir.

—¡Qué casualidad, Luis, la banda sonora de esa película es mi preferida!

—Tanto es así —continuó hablando sin dar importancia a mi comentario— que recientemente he disfrutado con la oportunidad de vibrar con tres conciertos exquisitos, prácticamente sin moverme de casa.

—Explícate, Luis. ¿A qué conciertos te refieres?

—El primero en Tenerife. Como siempre, de antemano, había sentido aprecio por el cantante y su música con *mi imaginación*...

Fue el caso del británico James Blunt.

Pues bien, el Universo, *Mi Universo*, después de haber *imaginado* lo formidable que sería asistir a uno de sus conciertos, y haber disfrutado de sus videos colgados en la red, quiso que un día fuera a desayunar a una cafetería de la calle Arena en el barrio de Triana... y, al salir me detuviera cerca de la puerta, dónde en su lado derecho descansaban sobre una repisa los periódicos locales y nacionales para los clientes...

Allí estaba, asomaba oculto bajo varios de ellos, pero mostraba una foto pequeña del cantante sentado a su piano.

Levanté el resto de periódicos y leí aquella contraportada.

No era grande la noticia, pero lo suficiente.

James Blunt daría un concierto en el auditorio de la isla vecina y las entradas se pondrían a la venta al día siguiente y, por supuesto... ¡allí estuve!

El segundo fue el concierto de Sting, ¿lo recuerdas?

—Sí —contesté—, actuó junto a la filarmónica de Las Palmas. Adoro su clásico *"Every breath you take"* con The Police...

—Y el tercero y más espectacular fue el de Bruce Springsteen, del cual soy un acérrimo seguidor... Siempre había deseado asistir a un concierto del Boss con carácter *privado*...Imaginaba situaciones a pesar de las posibles contrariedades.

Cuando supe que el Boss venía a la cuidad, no lo podía creer. Pero allí estaba, nuevamente, ¡mi deseo materializado!

Su concierto fue espectacular.

—Sí, lo sé, estuve allí. Bruce Springsteen tocó con la E Street Band en el estadio de Gran Canaria. También a mí me encanta. Y a pesar de que no se llenó, presumiblemente por la crisis, fue un auténtico recital que desplegó sobre el escenario, no dejando indiferente a nadie.

—Sentí una especie de comunión con la actuación...

—Él se implicó al cien por cien con el público, resultando, como mencionaste, una actuación casi *privada*.

—Es curioso, Luis. Ahora que mencionas el tema, también a mí me ocurrió algo significativo. Hace varios años U2 tocaba en Barcelona. Intenté conseguir entradas pero se agotaron enseguida. Sin embargo, a los pocos días me llamó un amigo de Madrid y me comentó que tenía cuatro entradas para el concierto, ¡habían sido anuladas por alguien en una agencia, y me invitaba a ir...!

—Tú habías formulado tu deseo, te habías imaginado allí, y una vez supiste que no podías asistir por no tener entrada, dejaste de resistir, dejaste de crear pensamientos a contra corriente y te liberaste... ¡Permitiendo que tu sueño se canalizara y se materializada!

—¡Tienes razón! —exclamé—. ¡Ahora lo entiendo!

—La música cuando es perfecta produce que el Ser vibre al más alto nivel, sintonizando plenamente con la *Fuente*... Haciendo que te sientas bien.

Por eso, el proceso de su materialización en el plano físico es casi inmediato. ¡El deseo y su permisión están carentes de resistencia! A lo largo de la historia la gran mayoría de los seres humanos han sido ajenos a su potencial como *Creadores*... El entendimiento se regía por el ego...

El temor infundido en el hombre dominaba su existencia. Su instinto de supervivencia los convertía en seres primitivos, incapaces de ver más allá de sus necesidades básicas, activando mecanismos de respuesta por reacción... olvidando su Divina procedencia.

Aun así, siempre han sido los responsables absolutos de sus creaciones por defecto y sus circunstancias... pero vibrando al sentir la felicidad de estar en sintonía con su *Fuente*. Lo cual experimentaban en presencia de las artes en general y de la música en particular, conectando con Dios.

Aquellos que lo comprendieron estuvieron limitados en el intento de comunicarlo... por eso, como otros grandes iluminados, el maestro de maestros, Jesús, hablaba en parábolas transmitiendo por medios indirectos, buscando de nuevo estar fuera del alcance del ego racional.

Se estableció el término fe para denominar a la imaginación...

Así mismo, también las grandes filosofías a lo largo de la historia se han transmitido mediante enseñanzas en las cuales el simbolismo tenía una fuerte presencia...

—¿Como en las películas en la actualidad...?

—Entre otros...

Afortunadamente, el ser humano ha evolucionado en su camino hacia el conocimiento y compresión de su auténtica naturaleza, emergiendo en distintas partes del mundo una especial comunión y entendimiento espiritual, hasta no hace mucho oculto, considerado tabú.

Irónicamente, la ciencia y los últimos avances tecnológicos están favoreciendo este despertar. Ese es el secreto que te quería contar... Recuerda: *cada vez que crees, creas...*

Y hablando de películas, antes no quise interrumpirte…

—¿Antes, cuándo?

—Cuando me hablabas de la película en la que entendías cómo el Universo o tu verdadera naturaleza respondía a cuanto necesitabas…

Me recordó a una tarde en la que junto con los niños veíamos una película de dibujos animados que le habían regalado al más pequeño. En casa estamos *enganchados* a los dibujos animados en la tele…

La película se titulaba "Enredados" y trata de una princesa llamada Rapunzel…

—Creo que la conozco.

—¡Pues te sorprendería comprobar cómo la factoría Disney sigue produciendo películas con gran simbolismo intrínseco!

—Explícate…

—Básicamente, de una gota de luz solar nace una planta con propiedades mágicas. Conocedora de ello, la bruja acapara su luz para su propio beneficio ocultándola al resto de los mortales; hasta que la reina enferma y necesita de dicha luz mágica para sobrevivir.

Una noche, los soldados del reino, encuentran la planta mágica, cuya esencia es dada a la reina. De inmediato la reina sana y queda en estado, dando a luz a una preciosa princesa que hereda los poderes de la planta mágica, siendo portadora de su luz. Descubierto esto por la bruja, que necesita de dicha luz y magia para mantenerse joven y bella, rapta a la niña escondiéndola en el interior de un bosque, en lo alto de una torre hasta que cumple la mayoría de edad. Actualizada a nuestros tiempos, los dieciocho años...

Un suceso *fortuito e inesperado* la hace *coincidir* con un apuesto joven, que la rescatará de su prisión para devolverla a su *verdadera naturaleza* de regreso al hogar, con sus padres. ¿Te suena, Enrique?

—Uf... por supuesto. Después de tu magistral clase acerca de la filosofía de los cuentos de hadas ¡no hay cuento que se me resista! La luz —comencé diseccionándola— representa al Universo, al Principio Universal, a la Fuente de la cual el alma proviene.

La bruja, el ego, es conocedora de su auténtica *procedencia* así como de sus poderes pero, limitada por lo aparente y lo material, solo piensa en lo temporal y etéreo, en la belleza y en la edad. Por lo que cree que debe ocultar la luz o lo que es lo mismo, a la princesa, encerrándola en lo más alto de la torre o sea, la mente, para que de este modo permanezca distraída, ajena a su verdad: es princesa encarnada.

Por supuesto la distracción se representa mediante el bosque que envuelve a la torre, el pensamiento.

Cuando alcanza la pubertad, la mayoría de edad, afloran las emociones para despertarla de su absorto sueño y en la aventura de lo inesperado, el acontecimiento fortuito, encuentra el camino de retorno a su verdadero origen, su reino... ¡al Todo!

—¡Bravo! —Gritó Luis—. ¡Doctorado! ¡Acabas de describir el arquetípico camino de descenso del alma y su vuelta de ascenso hasta su Fuente, a través de una película de dibujos animados del siglo XXI!

—Tengo un buen maestro...

—¡Entonces ten siempre presente la manera en la que observas las cosas!...

Toma unos prismáticos, por ejemplo. De un lado te permiten ver con detalle los aspectos más pequeños de aquello que observas pero puestos al revés, todo te parecerá pequeño e insignificante. ¡Aquello que te pueda parecer trágico como ficha de un juego, no es sino un elemento más de una experiencia sin fin! Un genio lo plasmó magistralmente en un libro cuando el maestro aparecido provoca su propia muerte....

¿No crees, Enrique, que en eones de infinitos juegos sería más emocionante incluir aquello que más tememos: la casilla de la muerte en las partidas? ¿O limitaciones?... Es algo intuitivo... ¿Recuerdas el relato del príncipe y del mendigo?

—Sí —repliqué—, recuerdo ver una película de los años 50, cuando era pequeño. ¿Qué tiene que ver?

—¿Recuerdas cómo el príncipe aburrido del tedio de la corte, donde lo tiene todo, necesita hacerse pasar por mendigo para experimentar nuevas sensaciones?

—Sí, es cierto.

—Y, ¿no te recuerda a la vida de Buda, Siddartha, hijo de una familia noble, en torno a quien fue creándose toda una vida de placeres protegido dentro del palacio, con el menor contacto posible con el sufrimiento exterior...?

El príncipe rodeado de lujo y comodidad abandonó el hogar a los veintinueve años en busca de respuestas para las preguntas que se hacía. Es más —continuó Luis—, ¿no te parece extraño que Adán y Eva, viviendo en el paraíso, necesitaran probar la fruta del árbol del conocimiento para ser felices?

¿Qué te da a entender, Enrique?

—No estoy seguro, Luis —dudé—. ¿Quizá lo mismo que le pasaba a Rango en su terrario? ¿Se aburrían?

—¡Tú mismo! —contestó.

—Ahora que lo mencionas, recuerdo en mi infancia estar ansioso por la venida de los Reyes Magos. ¡Contaba los días, horas y minutos hasta el seis de enero! Y sin embargo, la emoción y expectación una vez tenía mis nuevos juguetes, no duraba más que unos días... ¡De alguna manera me aburrían o dejaban de parecerme tan atractivos!

—Eso no solo ocurre cuando eres niño, analízalo ahora de adulto y descubrirás exactamente el mismo efecto. Es como si constantemente necesitaras buscar nuevas sensaciones, nuevas experiencias, nuevos logros. Muchos lo vinculan a la obtención de objetos; como la obtención de un coche, una casa, etc. pero nada exterior sacia tu sed interior. Es paradójico que los más evolucionados sean, aparentemente, los más desprotegidos...

—En cierto viaje que realicé hace unos años con un compañero a la isla de Lanzarote —proseguí—, coincidimos *causalmente* con un conocido que había estudiado conmigo en Madrid hacía muchos años. Nos invitó a su casa a comer, insistió tanto que accedimos.

Sabía que era de buena familia, pero desconocía hasta qué punto. Cuando llegamos nos explicó que poseía terrenos, promociones inmobiliarias, ¡incluso había construido un centro comercial!

La casa, situada en medio de la isla, estaba rodeada por una pequeña granja, varios anexos para invitados y parientes, una enorme bodega, una piscina cubierta y una sala de fiestas... aquello era un auténtico mini imperio.

Me llamó la atención ver que sus hijos recorrieran la casa con patines... Degustamos embutidos y vino de su propio viñedo. Nos trató amablemente y con gran generosidad.

Sin embargo, cuando me fui, no pude evitar meditar acerca de ello, ¡acerca de la necesidad que aquel amigo tenía de enseñar y mostrar sus bienes! Casi como necesidad imperiosa de reivindicar y autoafirmarse para poder sentir todo aquello...

—Claro, nadie tiene un fabuloso palacio escondido... El ego es tan fuerte que, incluso poseedor de todo lo que se le antoje, necesita de su exhibición posterior.

Lo puedes comprobar en una conocida revista de prensa rosa. Generalmente comienza con la exposición de la casa de algún personaje famoso. Como una forma de reivindicar su condición; una necesidad de exhibir sus logros materiales...

...Es la historia del rey que soñaba con un majestuoso palacio, pulcramente concebido hasta el más exquisito detalle, con los mejores materiales y ornamentos traídos de todas las partes del mundo.

Solo soñaba, pensaba y vivía en la ilusión que le proporcionaba el construir tan espléndido lugar. Tanto así, que mandó llamar a los mejores arquitectos, constructores y artesanos del reino para emprender tan titánico proyecto, empleando ingentes cantidades de recursos. No cejó hasta que logró culminar y terminar su ansiada obra. Tardaron cuarenta años en construirlo. Una vez finalizado se trasladó allí con toda su corte y séquito.

El Palacio era digno de ser considerado una de las mayores maravillas del mundo, y él se sintió feliz por unos pocos días. Al cabo de un breve periodo de tiempo todo le pareció *normal*. Por ello, decidió organizar grandes fiestas. Invitó a los reyes de los reinos vecinos para que contemplaran la majestuosidad de su obra. Volvió a ser feliz con los halagos y la admiración que suscitaba tan bella creación entre sus invitados. No obstante, de nuevo, ya no quedó nadie más a quién mostrar su preciado palacio…

Un buen día el Rey, triste y aburrido en la inmensidad de su trono, comprendió que no era el palacio en sí lo que le había hecho feliz, sino el sueño de tenerlo... Y al día siguiente mandó desmontarlo todo con el mismo cuidado con el que había sido construido.

—¡Vaya! —dije—, lo cierto es que no había escuchado nunca tal historia, Luis.

—Lo entiendo. La inventé tras observar el comportamiento de algunos de mi clientes; antes, durante y después de la construcción de sus casas... ¡Pero no se lo digas a nadie!

Es una buena manera de comprender que lo importante no es la cima de la montaña, sino el camino que recorres hasta ella...

Sonreí.

—¿Puedo sincerarme contigo? Lo cierto es que estoy sin trabajo estable desde prácticamente el primer día que nos encontramos.

Luis no dijo nada. Nos acercábamos a la entrada de la ciudad.

—Verás —proseguí—, con la crisis se efectuó un expediente de regulación de empleo en la empresa, y de la noche a la mañana, sin previo aviso, me comunicaron que tenían que prescindir de mi colaboración. Las ventas habían caído considerablemente y las aportaciones privadas ya no eran capaces de mantener la revista semanal de la que yo formaba parte...

Durante este tiempo he estado sobreviviendo gracias al subsidio por desempleo y realizando esporádicos trabajos de poca monta. Reconocí tu nombre en un encuentro de fútbol de la pasada Eurocopa y sentí curiosidad por saber cómo te habían ido las cosas... Recordé la sensación de seguridad en

tu forma de enfocar la vida y no pude evitar localizarte —
suspiré.

Para mí, han sido dos años convulsos en todos los niveles, las deudas me acuciaban y rocé la depresión. En fin, cuando me acordé de ti una luz me iluminó y me impulsó a buscarte…

Supongo, por alguna extraña razón, que en los tiempos difíciles en que vivimos he querido conocer si finalmente tu vida alcanzó aquellas metas que plasmabas en la lista que redactaste…   Me consta que no son tiempos fáciles para tu mundo tampoco.

En ese instante detuve el coche, habíamos llegado.

—Te propongo, Enrique, ya que *crees* estar sin trabajo, me acompañes una vez más —dijo Luis sonriendo— ¿Te parece bien?

—Perfecto, por mí encantado.

—Nos encontraremos mañana en el mismo sitio, trae bañador y tu tabla de surf. ¿Practicas surf, verdad?

—Eh… sí, aunque hace tiempo que no *cojo* olas y no imaginaba que tú lo hicieras. Aunque gustándonos la playa como disfrutamos el otro día no sé de qué me extraño…

—¿Por qué crees que me encanta entubarme en la orilla? —dijo él —. Mañana hay muy buena previsión.

—Vale —y según abría la puerta, dijo: ah… y respecto aquella lista, pensé que la tenías tú… Ahora tengo otras nuevas, con renovación de nuevas experiencias y deseos pero de eso ya hablaremos mañana. Mientras tanto, Enrique, libera tu mente…

Sin darme tiempo desapareció entre la concurrida calle. Más tarde estando en el garaje, al sacar mi mochila del maletero, me incliné hacia el interior y, como si llevara ahí todo el tiempo esperando a *materializarse* en ese momento, saqué una pequeña agenda de color verde, similar a aquella Moleskine negra que encontré pero ésta sin marca, y grabada con el año 2012 en una imitación a piel. Pensé que Luis la había olvidado. De ella extraje un papel doblado en varios pliegues, desgastado y con signos evidentes del paso del tiempo. Lo desplegué: ¡era la famosa lista encontrada en el 2010!

Acerté a distinguir casi todo tachado en ella.

¡Lo importante se había conseguido!

DOCE
Vuelvo a ser Uno

Cuando llegué a casa pensé que la mejor forma de liberar mi mente sería con una buena sesión de jogging por el parque y el muelle. Me sentía bien, de algún modo comencé a tomar conciencia de mí mismo, con ánimo y fuerza; como si un estado de calma interior llenase mi cuerpo, mi mente. Me sentí infinito…

Me cambié de ropa y ocurrió algo muy peculiar. Al quitarme la camisa, mi vista se centró en un libro situado en un estante sobre la cabecera de mi cama.

Cuando mi madre falleció, traje a casa parte de su colección de libros. Había de todo tipo, sobre todo, ensayos y novelas. Apenas había ojeado alguno, pero sin efusividad ni detenimiento.

No obstante, allí, entre los apretujados libros, me fijé en uno en particular. Instintivamente lo cogí y lo abrí arbitrariamente leyendo *causalmente* la siguiente declaración de Buda: "Una pequeña partícula de arena en tus ojos puede impedirte ver todo el cielo…"

El vello de mis brazos se erizó y un escalofrío recorrió todo mi cuerpo. Supe que mi alma me había hablado. El Universo se confabuló para una vez más responder a mis pensamientos. Comprendí que aquella cita, que hacia el autor de aquel libro, constituía la respuesta a mis inquietudes y así la leí, una y otra y otra vez: ¡…Una pequeña partícula de arena en tus ojos puede impedirte ver todo el cielo!

Si se hubiera medido el nivel de electricidad de mi cuerpo, ¡podría haber iluminado a toda una ciudad!

Dejé el libro sobre la mesilla de noche, comprendiendo y asumiendo el importante regalo que me ofrecía: ¡basta tan solo una pequeña partícula, un pequeño pensamiento para borrar todo un cielo!, toda la capacidad creativa y el verdadero poder que ostentamos.

Y de mi interior surgió: *Eres aquello a lo que le prestas atención.*

Llegué al parque con absoluto sosiego, en calma, casi flotando, conecté mi iphone y seleccioné música variada *on line* a la vez que me ajustaba los auriculares.

Según corría observaba de forma peculiar mi alrededor... Todo parecía resplandecer, los colores de los árboles eran más vivos, más contrastados.

Me había convertido en un espectador, el observador de un fantástico montaje a modo de película en 3D, con profundidades ficticias entre los objetos, la gente, los setos o árboles... Extraño pero excitante.

Estaba en calma...

A la altura del faro de color rojo que culminaba el final del muelle di la vuelta para comenzar a correr de regreso al parque. El sol ocultándose tras la ciudad, al oeste, proyectaba un colorido espectacular. Entonces tomé conciencia de la canción que estaba escuchando... Era Bruce, sonaba "*Wrecking ball*". Mi corazón se aceleró, sentí que podía correr a mil por hora, como si fuera *Uno con Todo* lo que me rodeaba... el color cobrizo del sol escondiéndose, mimetizándose con el azul del cielo que comenzaba a oscurecer, el mar, la vista de la ciudad, el paseo y ¡Bruce enfatizando!:

Now when all this steel and these stories,

they drift away to rust,

And all our youth and beauty, it's been given to the dust

And your game has been decided and you're burning down the clock,

And all our little victories and glories have turned into parking lots,

When your best hopes and desires are scattered through the wind,

And hard times come, and hard times go

And hard times come, and hard times go

And hard times come, and hard times go

And hard times come, and hard times go

And hard times come, and hard times go

Yeah just to come again!

Allí estaba Bruce recordándome que en este mundo de apariencias todo es relativo. Lo malo es el reverso de lo bueno, lo feo de lo bonito, lo bajo de lo alto, el desamor del amor. Hoy subimos en la montaña rusa de la vida y mañana descendemos y así, todo forma parte del juego en el que todos giramos, encadenados en la Caverna de Platón... Siendo, en conjunto, la más perfecta de las maravillas… y así los tiempos que vienen, también se irán para volver a venir…

…Y esto constituye la experiencia más trepidante que podamos haber imaginado.

Me acordé de mis dos amigos, hermanos. Sus historias habían cambiado…

Mi cuerpo vibraba, un escalofrío continuo me indicó de nuevo que era *Uno* con mi verdadero ser, con mi *Yo ilimitado*.

Me sentí realizado, bajo el anochecer de la ciudad y con la brisa del mar llenando mis pulmones.

Aquella noche dormí profundamente. En mi sueño caminé despacio y sereno en medio de un prado infinito, entre juguetonas espigas de trigo mecidas por el suave viento del atardecer. El sol gentilmente iluminaba mi rostro, pareciendo sonreír.

Una voz me susurraba al oído:

"Los senderos que elijas para transitar el camino del conocimiento son como granos de trigo sembrados en un campo de luz divina, fluyen sin cesar desde el corazón del hombre despierto. Aquellos en los que pongas Amor germinarán con mayor rapidez".

"Tu Naturaleza es Infinita".

TRECE

No hay una sola historia, sino infinitas

Al día siguiente me encontré con Luis a la hora convenida.

De nuevo la gran madre naturaleza nos sonreía con un maravilloso día azul. La noche anterior había desempolvado mi *Byrne*, un *three fins* de 6,2 pulgadas de alto. Mi tabla de surf con sus canales y su *culo* acabado en *golondrina*, me recordó que hacía casi dos años que no me permitía *vivir*.

Ahora me sentía bien, me sentía muy bien.

Coloqué la tabla sobre el coche. Intuí, mirando al cielo, que sería un buen día de olas.

—Percibo cierto halo de brillo en ti —dijo Luis al subirme al coche—. Te veo bien…

—Ayer fui a correr y comencé a percibir las cosas de diferente manera, como si hubiera despertado de un sueño.

¿Sabes? Me identificaba como observador de un decorado, de una obra de teatro… En ella establecía todos los parámetros, los personajes, los diálogos, el vestuario, el escenario, y a la vez, *Yo era Uno*.

Por la noche no vi la televisión, tomé una suave ducha, un poco de lectura y volví a realizar una meditación en la más absoluta oscuridad de mi habitación.

¡Me siento en armonía, Luis! ¡En equilibrio! Es como si recuperase el control de mi vida. Me comunico con mi *Yo superior* sin que mi mente me distraiga… Y percibo nítidamente, como un Chamán, *Todo*…

Aquello de lo que me has estado hablando ha generado un despertar.

—Lo sé —respondió él.

—¡Me siento como un niño!

—¿Si? ¡Qué interesante observación! ¿Cómo se siente un niño?

Noté la excitación de Luis ante un nuevo reto.

—Fíjate lo que acabas de decir, Enrique: los niños viven en la expectativa de lo que pueda ocurrir. Los adultos, por el contrario, en retrospectiva de lo que fue... ¡Condicionando lo que será, mascullando constantemente y perdiéndose el presente, la naturalidad, la propia vida!

¡El niño vive el presente, la espontaneidad del momento abierto a indefinición del tiempo futuro! ¡El adulto pierde el momento presente preocupado por lo que fue o por lo que será!

Observa a los niños en la calle, jugando. Saltan sobre las baldosas oscuras del pavimento, evitando las claras, buscando las diagonales, divirtiéndose con el dibujo que forman... Un mosaico de formas que, de manera improvisada, supone todo un mundo para ellos. Observa cómo, también, sienten la necesidad de tocar casi todo aquello que está a su alcance: el cristal de un escaparate, el granito de una fachada, el frío acero de una papelera... en definitiva, si observas, comprenderás que están situados en el presente, en el aquí y el ahora; siendo los adultos los que se equivocan reprimiéndoles si están distraídos...

¡Qué error más grande! ¡Son ellos los distraídos! Confundidos por sus propias mentes, tanto que terminan por convertirse en auténticos zombis de sus pensamientos, prisioneros de los mismos.

El niño no está tan contaminado y por consiguiente puede disfrutar de su entorno, ya que no hay otra cosa excepto su experiencia presente. No es de extrañar la expresión del gran maestro: ¡Os aseguro que si no volvéis a ser como niños, no entraréis en el Reino de los Cielos!

Percibí su emoción consumada en la exposición.

Seguimos charlando intensamente mientras nos dirigíamos al Norte. Me sentía bien dialogando con Luis.

Me gustaba intercambiar con él mis pequeños descubrimientos. Saliendo de la ciudad, pasamos cerca de la Base Naval, me acordé de la Base en la que se graduaba el actor Richard Gere en la película *Oficial y Caballero*. Aproveché para comentar a Luis:

—Hace unos días, de forma *casual* —dije en tono burlón—, estaba a punto de apagar la televisión e irme a dormir cuando, después de terminar el programa que estaban emitiendo, comenzó la película Oficial y Caballero. ¡Un clásico!

—¡Gran película!

—Lo más curioso es que tiene un sentido especial para mí. Me recuerda una época en la que, junto a otra gran película, El gran miércoles, representaban un sentimiento que me proporcionaba fuerza, confianza e incluso un poco de chulería...

En aquel entonces, con catorce años, disponíamos de pocas cosas. ¡Eran las dos únicas películas en formato VHS que tenía el tío de un amigo! Nos reuníamos casi todas las tardes para verlas una y otra vez.

Lo *coincidente* es que últimamente había pensado en ella, de hecho, había visto no hacía mucho tiempo un documental acerca de cómo se rodó Oficial y Caballero. Y antes de volver a verla en televisión, también *causalmente*, una amiga colgó en *Facebook* el tema principal de la banda sonora, "*Up where we belong*".

—Gran canción de Joe Cocker —dijo sin inmutarse por todas las coincidencias.

—¿Te das cuenta, Luis? Podría haberse emitido en cualquiera de los cien canales disponibles en mi televisor. Pero no. Tuvo que ser aquel precisamente...

—Eso me sirve para exponerte una vez más la visión del mundo que te atrajo a mí, Enrique.

—¿A qué te refieres? — inquirí—.

—A *Facebook*, por ejemplo.

—¡Ah! —contesté intrigado por saber qué me contaría.

—Podríamos utilizarlo como un buen símil, un paradigma del comportamiento y naturaleza de las cosas.

A veces, en *parábolas modernas* se entiende mejor...

Por ejemplo, ¿cómo se influyen los seres humanos entre sí? Mejor dicho, ¿cómo influye o afecta la diversidad de realidades posibles que coexisten en el medio?... Si cada uno es guionista, director, productor de su vida, desarrollando una historia infinita, ¿cómo interfieren las historias entre sí?

¿Te lo has preguntado, Enrique?

—Te refieres por ejemplo, a si juegan un partido de futbol el Real Madrid y el F.C. Barcelona y focalizo mi deseo en que gane el equipo del que soy seguidor. ¿Condicionaría ello al resto?

—Me gusta tu paradigma... ¿Qué ocurriría si fueses fan del equipo contrario con la misma intensidad de deseo de ganar?

—Realmente, ¿qué ocurre Luis?

—¿Tú qué opinas? —preguntó él. ¿Qué te dice tu *voz interior?*

—Pues que para que exista equilibrio... gana el Madrid, gana el Barcelona, empatan, nunca juegan, cae un meteorito gigante... ¡Todo al mismo tiempo!

—Por eso, Enrique, no hay una sola historia, sino infinitas coexistiendo simultáneamente...

—¡...y cada una arrastra infinidad de posibilidades en su propia trama! —comenté exaltado.

—¡Exacto! ¡Todo ello dependiendo de la atención que le prestes como observador!

Es lo equilibrado del sistema: nada ni nadie influye en otro si no lo permite. Cada decisión creativa genera una nueva expectativa de historia puesta en un *mar* universal de posibilidades a disposición de todos... Por lo que se generan cientos de miles de millones de posibilidades interactuando entre si constantemente, produciendo una fantástica despensa de la que nutrirse a la hora de diseñar cada vida... lo cual es ¡genialmente perfecto!

—Entonces... ¿quién gana para apostar por él? —Reímos los dos—. Hubo un silencio después y Luis dijo:

—Depende del universo de cada uno. Gana aquel que tú quieras que gane. Sin contradicción de deseo. Es como otra metáfora en la que me encanta pensar: la del mar...

—La recuerdo, fue una de las anotaciones que leí en la agenda...

—El Universo, el medio en el que te desenvuelves físicamente —matizó—, en el que *crees* desenvolverte, actúa como un océano, en el que todos navegan en sus propias embarcaciones. Siendo de nuevo pasajero, patrón, capitán, marinero, maquinista... Cada cual pone rumbo *si quiere* a donde decida...

Los que no saben que pueden decidir, simplemente flotan a la deriva de los acontecimientos, ¡la gran mayoría!

En ese entorno, en ese medio, suceden diversos acontecimientos: días de sol, días de tormenta, días de calma, de peligro... sujetos a experiencias pensadas, imaginadas, transmitidas o vividas por las partes del Todo.

Pero sobre un mismo mar y desde cada barco, cada uno, con cada nuevo pensamiento que concibe, es como si lanzara un mensaje en una botella.

Estos son recogidos por los que se tropiezan con ellos, aparentemente al azar, teniendo la opción de interactuar con el contenido de dichas botellas, si así lo consideran: hacer caso, no hacer caso, leerlos, no leerlos... Incluso, leyéndolos, decidir qué hacer con la información... Si *entiendes* que Tú eres quién dirige el barco y la experiencia es sencillamente una aventura, vivirás pleno, disfrutando de ello; tanto en los días de calma como en los de tormenta. ¡Los contactos que establezcas con otros en tu camino os influirán solo en la medida en que cada uno decida o permita que así ocurra!

¡De igual forma actúa *Facebook*, Enrique!

—No me lo digas —contesté—. El medio en este caso es la Red, cada uno cuelga en ella sus experiencias, pensamientos, ideas, fotos o videos… transmitiendo y compartiéndolo con el resto… quienes adquieren conciencia de esas otras historias solo en el momento en el que se conectan a la Red, solo en el momento en que son conocedores, pasando a pertenecerles a ellos, integrándose en sus propios Universos.

De otro modo no pueden interferir; es decir, sin su transmisión no puede haber conocimiento. Así es cómo conformamos un mundo de infinitas posibilidades e interacciones, como la Red que conforma esa plataforma social…

Por eso, ahora entiendo determinadas experiencias que he vivido. Por ponerte un caso que me resulta muy significativo: cuando tenía once años comencé en un club de taekwondo. Me encantaban las artes marciales, supongo que influyeron en mí las pelis de Kung Fu y la figura de Bruce Lee cuando era pequeño.

La cuestión es que durante cuatro años asistía a clases tres veces por semana con el sonriente maestro Chang, tras las cuales me duchaba como el resto de los niños en los vestuarios del propio club, antes de irme a casa.

En esas duchas no llevaba puestas zapatillas, nunca lo hice, ni siquiera recuerdo a nadie que lo hiciera…

Durante un año o dos dejé de asistir, decidiendo posteriormente retomar mi cinturón azul con diecisiete años apuntándome en un nuevo club con unos amigos.

Recuerdo, perfectamente, cómo me advirtió uno de ellos el primer día que nos metimos en el vestuario después del entrenamiento. ¿Te ducharás descalzo? —me preguntó a la vez que me fijaba en que él calzaba unas zapatillas blancas y negras. —Sí —contesté—. Podrías coger hongos en los pies... —replicó.

¿Te das cuenta, Luis? Yo ni siquiera sabía a qué se refería, ¡nunca había oído hablar de eso!...

—Sorpréndeme con lo que ocurrió —dijo en tono burlón.

—...A los pocos meses sufrí los picores más intensos de mi vida, entre los dedos de mis pies. ¡Cómo se cuarteaba la piel!, ¡cómo me ardían!, ¡cómo, por más que me rascase, no se aliviaban! Al contrario, ¡más me picaban!...

Fui a la consulta del médico y... *¡Voalá!,* ¡me diagnosticó los hongos predichos por mi amigo! ¿Qué te parece, Luis? ¡No los experimenté hasta que no tuve noción de ellos!

—¿Quieres decir, Enrique, que solo ocurre aquello sobre lo que tienes *noción*?

—Veo tu pregunta trampa.

Casi como si nos conociéramos de toda la vida había surgido una extraordinaria empatía entre nosotros.

—También podemos estar influenciados por el medio —respondí—, que vendría a ser el inconsciente colectivo, o el registro de los infinitos deseos y experiencias de todos los seres. Las conozcamos o no.

—Pero, ¡ojo! —interrumpió—. ¡Siempre dentro del contexto de la condición *sine qua non* de prestarle atención!

—¡No me has dejado terminar, Luis!... Podemos estar influenciados por el medio... ¡si así lo decidimos!

—¡Hummm...!

—¿No obstante, nada imprevisto ocurre, Luis?

—Nada que no permitas que ocurra...

Cuentan que los indios no *vieron* las carabelas de Colón cuando arribaron a sus costas, puesto que no tenían conciencia de ellas. No obstante, se olvidan que en todas las culturas precolombinas se esperaba el regreso de los Dioses. Luego en sus experiencias, Colón y los españoles tenían sentido, ya que en su inconsciente colectivo *existían*. Era cuestión de tiempo su aparición de una u otra forma...

—Sin embargo, Luis, no recuerdo tener conciencia de necesitar o esperar la rotura fibrilar que me ocurrió hace cuatro años —dije.

—No necesitas tener conciencia, estas conectado con cualquier mensaje que se cuelgue en la Red, tanto si lo atiendes como si no…

El secreto consiste en que experimentas aquello que atraes, consciente o inconscientemente. Por eso, por muy duro que te pueda parecer, la rotura que sufriste fue atraída a tu experiencia, aunque de manera inconsciente.

La única forma de estar a salvo de este tipo de experiencias a priori no deseables, es mantener un nivel de guardia consciente frente a ello, lo cual resulta agotador por un lado y por otro te priva del beneficio del contraste que te proporcionan…

Es decir, nunca sabes cuán bueno es tener un trabajo, como cuando lo pierdes; o gozar de buena salud como cuando estás enfermo… Lo comentamos el otro día: lo malo y lo bueno son las dos caras de una misma moneda.

Debes protegerte ante la adversidad si no la deseas.

—Por ejemplo, diciendo: ¿no quiero enfermar?

—¡Oh no, Enrique! Recuerda, atraes la esencia de aquello a lo que prestas atención, tanto si lo quieres como si no. Tu manifestación, negando, contiene en sí a la enfermedad, y aquello que temes también te acontece. Debes formular tus deseos siempre en positivo: "Deseo estar sano". "Estoy sano". "Gracias porque estoy sano"…

—¿Y qué hacer si estoy en una situación que no me agrada? ¿Cómo cambio la situación?

—Primero debes recordar que no hay situación buena o mala en sí, puesto que ambas están intrínsecamente unidas; existen experiencias dictadas por ti mismo, consciente o inconscientemente. En aquellas que percibas que no te sientes bien debes recordar que básicamente el error está en la forma de percibir o enfocar el hecho al que prestas atención, debiendo modificar tu enfoque hacia algo positivo que te devuelva a tu equilibrio o conexión con tu verdadera *fuente, tu Yo Superior.* El *Tao* dice sabiamente: "Encuentra sabor en lo que carezca de ello."

O lo que es igual: Ama tu hogar por muy humilde que te parezca... ama tu trabajo por poco dinero que ganes... ama tu cuerpo por ser el vehículo de tu alma...

Y, poco a poco, variará tu punto de atracción hacia aspectos positivos, alejándote de esa situación que no te agrada...

—Pero, ¿cómo justificar una tragedia, la pérdida de un ser querido en circunstancias trágicas, inesperadas o por enfermedad?

—Ciertamente, eres recurrente Enrique...

No pretendo que lo comprendas ahora. No se trata de justificar. Cada uno establece el patrón de vida que decide como dueño absoluto de la película que dirige y protagoniza. La muerte es una decisión consensuada entre infinitas posibilidades. A veces morimos, a veces nos matan, a veces matamos... ¡Pero solo en la medida en que creemos que ocurra!

—Puede que tengas razón, cuando falleció mi madre me sentí muy apenado; fue de forma repentina... Me entristecía no haberme despedido de ella, no haber podido ayudarla...

Sin embargo, halló la manera de transmitirme que *todo era normal.* Lo hizo en mis sueños y también en mi experiencia física. En mis sueños, un día, nos encontramos en su boutique. Tenía muy buen aspecto. Se acercó a mí dejando de atender a varias clientas que estaban probándose ropa y me preguntó: —¿Por qué estás triste?—.

Entonces, entendí su mensaje...

Dos noches más tarde soñé que caminaba por la acera donde se encuentra su tienda de modas y, según me acercaba a ésta, percibí que había una amiga de ella delante de la puerta. Pensé que a lo mejor no tenía conocimiento de su fallecimiento unos días atrás...

Al acercarme me di cuenta que conversaba por el móvil. Daba la impresión de esperar a que la abrieran, cosa imposible pues mi madre había fallecido. Así que, al llegar a su altura me paré.

Estando frente a ella, sin dejar de hablar por su móvil, escuché su conversación: —¡Espera, tu hijo está aquí! —dijo a su interlocutor. Y dirigiéndose a mí me aclaró: —Hola, tu madre me comenta que ahora viene...—.

Entonces, desperté. *Mi madre vivía... pero ya no en mi experiencia...*

—¿Te das cuenta de que todas las respuestas se encuentran dentro de ti?

—De hecho, Luis, su respuesta me pareció más contundente cuando *causalmente* encontré en casa un libro que me había regalado años atrás, y que nunca había leído... El magistral libro "Las voces del desierto" de Marlo Morgan. En su contraportada había escrito la siguiente dedicatoria: "También hay otro tipo de vida. Besos. Mamá." Así que creo entenderte...

Supongo que la mayoría de la gente, más que morir, simplemente va dejando de vivir... de vivir con pasión, emoción y entusiasmo; la misma que nos aleja de la vitalidad que desplegábamos todos de niños, y supongo que algo parecido me ocurrió a mí.

Tú lo expresas de forma sencilla.

—Es sencillo, Enrique —apuntó—. Créeme, eres tú quien lo complica.

—¿Yo...? —murmuré.

—Sí. Tienes el poder y la capacidad de ser, hacer o tener cuanto seas capaz de imaginar; sin ninguna limitación. Recuerda que eres el creador de tu experiencia, el jugador que disfruta de una entretenida partida.

Compara lo más dramático que puedas imaginar en ella con una infinita infinidad de infinitas partidas... Cualquier acontecimiento te parecerá, simplemente, una experiencia más. Y eso es, justo, lo que atrae del juego, *experimentar*.

Vienes consciente de todo ello a esta existencia terrenal pero con parámetros de libertad y de libre albedrío para hacerlo más emocionante, y a la vez vinculado siempre con la *Fuente*, tu *Yo Superior*. ¡Vienes con la intención de experimentar hasta el extremo el gozo de Crear!

—Deduzco que insinúas que podemos, literalmente, saltarnos las leyes de la física establecida y del espacio tiempo. ¿No es así?

En ese momento entramos en la zona de circulación a baja velocidad, en la zona Norte de la isla. Empezamos a ver los primeros picos y *spots* surferos. Hacía más de dos años que no practicaba el surf, que ni me acercaba por allí.

—Las condiciones son perfectas —dijo—. Fuerza norte, periodo de olas alto, suave viento *off-shore*, marea terminando de llenar y un sol radiante que invita a zambullirse en el mar. Un día genial. Tal y como *lo imaginé*, Enrique.

Percibí cómo se dibujaba una amplia sonrisa en mi cara.

—¿Todo lo imaginas, Luis?

—*Todo es imaginado*. Únicamente consiste en hacerlo consciente hacia aquello que te produce bienestar... casi siempre. ¡El resto de veces es divertido ver, simplemente, qué ocurre! ¿Responde esto a tu pregunta?

De nuevo fijé la vista en la carretera, desviándonos a la altura de la gasolinera para tomar el nivel inferior que linda con el paseo, para finalmente detenernos frente a mi *spot* preferido para hacer surf.

—No sabía que también cogías olas aquí, Luis —dije—. Este es mi sitio favorito, en realidad solía venir frecuentemente. Me extraña no haber coincidido contigo nunca...

—¿Quién sabe? —dijo al tiempo que levantaba la palanca del freno de mano.

CATORCE
Practicando surf

Salí del coche con la emoción e inquietud de un niño de seis años.

Comprobé las magníficas condiciones que mostraba el mar.

En ese instante entraba una serie de olas perfectamente colocada de tres cuartos metros *surferos* de altura, rompiendo con absoluta perfección. Cada ola mostraba una larga pared azul desde el pico rompiente hasta prácticamente la orilla de callados. Por mi cuerpo recorría esa sensación de hormigueo e impaciencia por estar en el agua que no sentía desde tiempo atrás. Solo había dos *surferos* en aquel momento por lo que aprovecharíamos más. Uno de ellos bajó una ola y pudimos comprobar, con mayor entusiasmo la belleza de la naturaleza en movimiento, como si Dios hubiera querido conjugar las mejores condiciones posibles para la práctica del surf...

A pesar de mi afición por este deporte desde que tenía doce años, no recordaba un escenario tan favorable: buena temperatura, día despejado, ligera brisa, *glassy* total, *swell* entrando en la dirección más favorable al rompiente, tamaño perfecto, poca gente...

Me cambié rápidamente y bajé por la rampa que se adentraba en el mar, en cuyo extremo realicé unos ejercicios de calentamiento antes de lanzarme al océano.

Sentí el frescor del agua en mi piel al tomar contacto con ella, remé hacia la rompiente... El sol iluminaba mi cara y el mar, casi transparente, parecía sacado de una foto.

Sonreía de oreja a oreja.

Al acercarme al pico, entró la serie: majestuosa, limpia, gentil, perfecta. Reconocí a los surferos que estaban dentro, a pocos metros. Les saludé, eran los hermanos Juan y Miguel con su estilo inconfundible y sus tablas acortadas sobre las que eran unos auténticos maestros.

Me sumergí haciendo el patito al caer la primera ola sobre nosotros. Hundí la punta de la tabla e hice palanca sobre ella con mi rodilla derecha balanceando mi cuerpo para volver a emerger. El instante que duró la maniobra sentí como mi cuerpo se cargaba de energía, mantuve los ojos abiertos contemplando el movimiento de la ola al ser atravesada y el fondo rocoso salpicado de brotes de verde marino...

Remé con mis manos hacia el interior de la siguiente ola de la serie posicionándome para cogerla, me di la vuelta, piqué ligeramente la tabla y me puse de pie en cuanto noté que me llevaba un poco.

Bajé suavemente girando en el *bottom* para disfrutar de la pared que se iba levantando. La visión era espectacular.

Hay algo mágico en el surf, la sincronía y simbiosis con la naturaleza provoca vibrar a un nivel muy elevado...

A pesar del tiempo que llevaba sin surfear, me sentí cómodo y con elasticidad suficiente para maniobrar. Desplacé el peso de mi cuerpo hacia mi pie izquierdo, colocado en la parte de atrás de la tabla y frené ligeramente para pegarme a la pared de agua que tenía a mi altura. Me agaché rozando con mi mano derecha la parte delantera de la tabla, clavando la mano izquierda en la ola para agarrarme más a ella por un instante, lo justo para que la cresta cayera sobre mí formando un pequeño tubo cristalino que por décimas de segundo me cubrió por completo...

Sentí la fuerza y energía que me transmitió la ola, haciéndome *Uno* con ella por un breve lapso de tiempo. Acto seguido, salí del pequeño tubo incorporando mi cuerpo, aprovechando la velocidad de la zona recogida para abrirme y encarándola subir lo más vertical que pude para girar en su cresta y bajar…

Pude repetir la maniobra una vez más llegando casi a la orilla, en donde aprovechando la rotura de la ola, salté con la tabla sintiendo la ingravidez, cayendo al agua con una sonrisa en mi rostro… Recordé las palabras de un conocido surfero americano: *"When it's right you know it"*.

Me hallaba pletórico, radiante, lleno de tu vida y me puse a reír. De repente volví a ser *Yo*, sin miedos, sin contradicciones, sin ataduras, libre…

Aquel día por la tarde me sentí *inflado* por la euforia y la adrenalina de la magnífica sesión de surf.

Sentía el equilibrio en mi interior. Casi flotaba.

Había recuperado la confianza en mí; a ser *Uno con Todo* y así otra vez, todo comenzó a rodar positivamente…

Recobré la forma de mirar lo que me rodeaba como *El Observador*, y comencé a ver todo de *Nuevo* con un pequeño halo de brillo...Una representación perfectamente orquestada.

No había nada antes, nada después, *solo Ahora...*

QUINCE
Ya estoy preparado

De noche, después de una reconfortante ducha de agua caliente, me dispuse a sentarme frente al ordenador.

Incomprensiblemente sentí el impulso de salir a dar un paseo. Me metí en el coche y conduje hacia el interior de la isla, subiendo hasta la cumbre. Busqué un sitio donde había estado años atrás. Un lugar alejado con el horizonte despejado hacia el nordeste, fuera de luces brillantes...

Solía acudir en agosto para ver las *Perseidas* o *lágrimas de San Lorenzo;* una hermosa lluvia de estrellas que debía su nombre a la constelación de Perseo.

Mi asombro fue encontrar a Luis allí. Sentado plácidamente con la espalda apoyada en una roca, mirando al firmamento y con su eterna sonrisa. Había sentido el mismo impulso que yo.

—¿Sorprendido?

—Ya no —pensé.

Y así sin más, me senté junto a él, ligeramente reclinado, observando la amplitud del Universo. Cientos de miles de puntitos brillantes dibujaban un mosaico de diminutos centelleos.

Recordé claramente la carta del Ermitaño. El noveno arcano del Tarot. En mis meditaciones siempre visualizaba un campo de fina hierba sobre una elevada explanada. A un lado, un sinuoso sendero recorría el camino hacia su cima, al otro, un radiante cielo estrellado salpicado por pequeñas luces representaba a los ermitaños de todo el Universo. La sabiduría manifestada en el plano físico...

Amor y luz al entrar en la materia de la vida... la luz que portamos cada uno en nuestros farolillos es visible por todos los demás. Así podemos reconocernos...

A este pensamiento-observación el Arquitecto respondió:

—Fíjate en la visión contemplativa representada por la postura invertida del doceavo arcano… —ambos sabíamos de lo que tratábamos.

…Su aparente situación es tranquila, relajada, conocedora de lo fatuo de la aparente realidad que observa.

Ya estás preparado…

Canaliza tus pensamientos hacia tu desarrollo interior.

Sé flexible con el exterior. Es solo apariencia…

Enfoca en orden tus preferencias. Aliméntalas cada día.

Agradece cada instante.

Recuerda las Leyes Universales y atiende a tus emociones…

Pregunta a tu Fuente infinita y espera con calma la evidencia del milagro…

En una ocasión, el maestro de Anakin Skywalker le dice: "Mantén el foco en todo momento…"

La vida es un cuadro compuesto por los sueños de cada uno. Cada uno lo pinta con aquello a lo que decide prestar atención… nada más, nada menos.

Decide ser consciente de ello y permitirás que la magia fluya a tu alrededor… solo depende de ti.

Mantén tu percepción fija sobre lo que te produzca bienestar. Recuerda que el mayor problema es distraerte.

—Te pondré un último ejemplo. Imagina que eres espectador de un programa de cámara oculta.

Observas a una persona que decide querer tener una camisa…

Un genio sale de una lámpara y le señala un Centro comercial donde puede adquirirla totalmente gratis. La cámara sigue al señor. Este entra en el centro y comienza a distraerse con todo lo que allí se expone. Como en cualquier gran almacén existen cientos de artículos en exposición. Cuando sale del mismo no lleva la camisa… Sino un kilo de tornillos, un marco para un cuadro, un neumático, una máquina pulidora… ¡El señor se ha olvidado completamente de la camisa deseada, habiendo prestado toda su atención a la infinidad de cosas que se encontraba en su camino, perdiendo en consecuencia el objeto principal de su deseo: la camisa!

Posteriormente vuelve a desear dicha prenda y vuelve a repetir la misma escena. Entra en el Centro y vuelve a salir con una enciclopedia, una bombilla, un matamoscas, y así una y otra vez… Parece totalmente absurdo desde el punto de vista del observador, ¿verdad?

De igual forma nos comportamos en nuestro espacio-tiempo que consideramos real. La diversidad nos proporciona la inspiración por contraste para desear cosas, personas o situaciones que nos enriquezcan, nos hagan sentir bien y el Universo, nuestra *Fuente creadora*, nos dice, simplemente: ¡tómalo, aquí lo tienes!

Sin embargo, casi nunca manifestamos consciente y deliberadamente un pensamiento de petición puro, nos distraemos con contradicciones constantemente...

Si mantienes viva tu ilusión, tu creencia se convertirá en real.

De pequeño, un compañero del colegio siempre expresaba su deseo de convertirse en *vaquero*, con lo que el resto de los niños solían reírse, ya que lo afirmaba con trece años. Su convencimiento era absoluto incluso en la pre-adolescencia. Un día, veintiséis años más tarde, coincidí con él en un espectáculo de indios y vaqueros de un Parque temático del Sur de Gran Canaria. Era un auténtico cowboy, su sueño se había hecho realidad...

DIECISÉIS
Ponme en palabras

Llegué a casa de madrugada, cerca de las 4:00 am. El ordenador estaba encendido, había un mensaje en mi cuenta de *Facebook*. David, mi padre americano durante el programa de intercambio cuando estudié en Estados Unidos, había enviado el *curriculum* que le remití meses atrás al Birmingham Post Today, un periódico de tirada estatal del Estado de Alabama...

¡Querían realizarme una entrevista! Necesitaban a alguien con mi perfil que organizase y enlazara noticias en la creciente sección hispana del periódico. ¡No me lo podía creer!

Concertamos una entrevista vía *Skype*. En la videoconferencia intercambié impresiones con Mr. Moore, el responsable de contratación. Necesitaban de mi incorporación inmediata...

Como por arte de magia, al día siguiente me ofrecían un trabajo por cinco años, con un sueldo mensual de 7.917 dólares...

Mi vida dio un giro de ciento ochenta grados. Acepté el trabajo y organizamos el viaje en muy poco tiempo.

Todo se precipitó y los días se acortaron, estábamos a finales de noviembre y se acercaba la Navidad... Desde luego era un magnífico regalo.

David nos consiguió una preciosa casa con jardín en un pueblo llamado Pleasant Grove, a unas diez millas de la sede del periódico en Birmingham.

Todo estaba hecho.

Llamé a Luis varias veces pero su teléfono no respondía; quería contarle la buena noticia... De alguna forma él me había ayudado, me había devuelto la fe. Habíamos compartidos los últimos meses juntos, dialogando constantemente.

El día antes de mi partida me acerqué a su Estudio. Extrañamente la placa identificativa no estaba en la entrada. Pude acceder al portal aprovechando que alguien salía. En su buzón, al lado de la puerta del ascensor, tampoco figuraba ya su rótulo. Subí a la segunda planta y toqué repetidas veces a la puerta. Nadie me abrió. No sabía dónde vivía, y siempre que necesitaba contactar con él pude hacerlo a través de su despacho. No me podía ir sin despedirme.

A la mañana siguiente, horas antes de partir en el avión que me llevaría a Madrid para enlazar con mi vuelo a Atlanta, volví a ir al Estudio.

De nuevo nadie me abrió la puerta del portal, y esperando meterme en él, subí por las escaleras en cuanto tuve la oportunidad, para esta vez sí ver la puerta del Estudio abierta. Toqué con los nudillos y esta se entreabrió más. Desde el interior, la voz de una chica me invitó a pasar y descubrí que, ¡lo que había sido el Estudio de Luis estaba completamente desmantelado! Ya no había cuadros de construcciones, ni los montones de revistas de arquitectura, ni el material informático que conocía...

Ya no había nada, era un despacho completamente nuevo. Le pregunté a la señorita que me observaba intrigada si sabía algo del Estudio y me contestó que el antiguo inquilino lo había dejado hacía unos días, que no lo conoció... Me quedé de piedra.

—¿Cómo dice? —le pregunté.

—Sí, ahora lo hemos alquilado como anexo a una oficina de abogados. ¿Deseaba algo?

—Bueno… no tenía conocimiento de que se iban a mudar. ¿Sabe usted si han dejado una nueva dirección o teléfono de contacto?

—Tengo entendido que el antiguo inquilino se marchaba a trabajar a los Estados Unidos... ¡Espere! —dijo mientras me daba la vuelta sorprendido—. Dejaron un paquete a nombre de alguien llamado L. Enrique, ¿es usted?

—Sí —contesté.

Me lo entregó y siguió ordenando cajas y archivadores.

Observé el paquete del tamaño de un libro envuelto en papel azul, en éste una nota decía:

Enrique, ábreme en el avión hacia tu nueva vida.

Un escalofrío recorrió mi cuerpo. ¡Cómo era posible!

Caminando de vuelta a casa, me pareció ver el reflejo de Luis en un escaparate frente a mí… Me giré inmediatamente. No había nadie más que yo…

Pensativo seguí mi trayecto.

Pocas horas después, en un abrir y cerrar de ojos, estaba volando rumbo a los Estados Unidos de América...

Bajé la ventanilla del avión, iba a dar comienzo la película tras el almuerzo...

Cruzábamos el océano Atlántico a 33.000 pies de altitud con una velocidad media de 800 Km/h.

El vuelo había despegado del aeropuerto de Madrid Barajas sin retraso. El cielo era, cómo no, de color azul intenso, completamente despejado... Apreté el botón sobre mi cabeza. La luz se encendió... Abrí mi maletín de viaje y saqué el pequeño paquete de color... lo desenvolví expectante...

Era una libreta negra con anillas en su lateral, de tapa dura y marca Miquelirius M4. La abrí. Sus hojas tamaño A5 tenían impresos renglones de colores...

En su primera página estaba escrito:

Recuerda, siempre vas contigo.

Ahora escríbeme.

Ponme en palabras.

Luis Enrique.

Epílogo

Estoy sentado en el porche, en la parte de atrás de una preciosa casa de madera, en el condado de Jefferson.

El cielo está despejado, el azul es puro...

Acabo de regresar de mi trabajo en *Downtown*, Birmingham.

Hace frío pero el sol reconforta mi cuerpo con sus rayos. Situado frente a él, siento su calor en mi cara... Un pequeño jardín rodea la casa y aquí, en su zona posterior, desemboca una ligera colina boscosa, creando un pequeño valle. El suave viento fluye encauzado por la orografía, agitando los cientos de miles de hojas de los árboles: abedules, robles, sauces...

El sonido producido es exactamente igual que la rompiente de olas en su ir y venir en la orilla, tan solo salpicado por las risas de Jorge y Sergio corriendo con *Blondie*, nuestra juguetona Golden Retriever. Entrecierro los ojos... estoy en una butaca sentado a la orilla del mar... la suave brisa en mi cara y el sol calentando mi rostro.

Miré mi lista de deseos del año 2010. Estaba muy arrugada, pero legible. Saqué mi portaminas negro y lo pasé sobre el último deseo que quedaba por tachar...

Sonreí.

Me incliné sobre la mesa. Abrí mi libreta negra y comencé a escribir:

Pleasant Grove, Alabama, dic. 2012...

Jorge L. López Veloso nació y creció en la ciudad de Las Palmas de Gran Canaria, donde reside en la actualidad con su familia.

Desde pequeño analiza el mundo que le rodea intuyendo, percibiendo y encontrando nexos con otras realidades.

Su formación se desarrolló en distintas escuelas y lugares.

Desde 1997 compagina su profesión habitual de Arquitecto con sus aficiones por descubrir, viajar, sentir y crear; buscando dar respuesta a las inquietudes que le plantea su Ser.

Las reflexiones, experiencias y observaciones acumuladas le inducen a escribir y difundir esta obra.

Todo está conectado.

www.ingramcontent.com/pod-product-compliance
Lightning Source LLC
LaVergne TN
LVHW051630080426
835511LV00016B/2264